U0518340

成长的岁月

晚清时期的中国儿童生活

［英］玛丽·伊莎贝拉·布莱森（Mary Isabella Bryson）/ 著

卢婉莹 / 译

陕西师范大学出版总社　西安

图书代号　SK24N0937

图书在版编目（CIP）数据

成长的岁月：晚清时期的中国儿童生活 /（英）玛丽·伊莎贝拉·布莱森著；卢婉莹译. —西安：陕西师范大学出版总社有限公司，2024.8
ISBN 978-7-5695-3773-4

Ⅰ.①成…　Ⅱ.①玛…②卢…　Ⅲ.①儿童—社会生活—历史—中国—清后期　Ⅳ.①D432.7

中国国家版本馆CIP数据核字（2023）第151110号

成长的岁月——晚清时期的中国儿童生活

CHENGZHANG DE SUIYUE——WANQING SHIQI DE ZHONGGUO ERTONG SHENGHUO

［英］玛丽·伊莎贝拉·布莱森　著　卢婉莹　译

责任编辑　刘存龙
责任校对　王文翠
出版发行　陕西师范大学出版总社
　　　　　（西安市长安南路199号　邮编710062）
网　　址　http://www.snupg.com
印　　刷　西安市建明工贸有限责任公司
开　　本　880 mm×1230 mm　1/32
印　　张　6
字　　数　104千
版　　次　2024年8月第1版
印　　次　2024年8月第1次印刷
书　　号　ISBN 978-7-5695-3773-4
定　　价　55.00元

儿童合影

女童

序

初到中国时，我住在距长江入海口900多公里的武昌府。那时，我第一次看到小男孩的脑后甩着长辫，小女孩裹着小脚，这一切对我来说都颇为新奇。孩子们凑在一起，叽叽喳喳，相言甚欢，但我一句也听不懂。当时我便想，若是能听懂他们说话该有多好。

不久后，我开始学习中文，慢慢可以用中国话与他们交谈。每当我走过狭长的街道，孩子们就成群结队地跟着我。我行至城墙边的草坡上，停下脚步，席地而坐，孩子们便充满好奇地围坐过来。之后，慢慢有孩子到我们创办的教会学校来，我们也渐渐熟络了起来。

许多孩子经常来找我，有的是受病痛折磨来寻医问药，有的则因生活困苦来寻求救助和安慰。还有一些人，他们体魄强健、衣食无忧，时常与亲朋好友结伴而来，不为别的，只是想看看外国人的房子里有些什么新奇的玩意儿。

我曾与孩子们同住山间小屋，也曾与渔民一家泛身于大江湖面，还探访过中国人居住的高宅大院。有些院落经年已久，饱经沧桑，但房子里仍雕梁绣柱，流光溢彩。

比起这些相伴的时光，我与有的孩子的相识则显出几分凄凉。尤记得那时有些孩子饥寒交迫，蜷缩在破席陋棚之中，那简陋的处所便是他们称之为"家"的地方。当与孩子们的妈妈逐渐相熟，我对孩子们的了解也更为深入全面，我就愈发希望自己能够为他们做些什么，给他们带来幸福与快乐。我希望读者朋友们也能与这些中国孩子相识相知。

不是人人都可以漂洋过海，亲访中国。在此，我将自己在中国的所见所闻写下，讲讲中国儿童的故事，以飨读者。读完本书，走近中国儿童的生活，相信你们也会想要认识他们，希望他们如你我一般，幸福安乐。

若真能如此，我必将满怀感激。有如此机会能将我在中国这片广袤土地上的所见所闻讲与你听，我心满愿足。

玛丽·伊莎贝拉·布莱森

汉口一景

目 录

第一章　中国婴儿

在我儿时的想象中，长辫子、杏仁眼，是中国人最突出的特征。我对中国人样貌的了解来自对茶箱的细致观察。类似这样的图案和形象还时常出现在一些精美考究的瓷器上。

每每看到图案精妙的柳叶纹盘①，我常常出神。一座小桥，福禄寿三仙飘行其上；树木郁芊，叶子形状奇特；一叶孤舟，船夫孑然一身；两只鸽子，盘旋俯瞰诸景——一切都饶有风趣。虽然笔下的时光已经逝去，但那辽远的"中心之

---

① 柳叶纹盘的一般构图为盘心有一株垂柳，另饰其他纹案。18世纪前后，英国瓷都斯塔福德郡（Staffordshire）生产了大量颇具中国风格的青花瓷器，传说柳叶纹图样也源于此地。——译者。本书注释均为译者所加，后文不再一一说明。

国"和那里的百姓对我的吸引力却与日俱增。

多年来，我一直住在中国。于我而言，中国就犹如老英格兰的海岸，似故乡般亲切。

年少时的我对这片遥远而神秘的土地满心好奇。现在，我想邀你一同穿过中国的街巷，走进那些与你的家迥异的陌生家庭，听听当地的方言，感受古老的音调，也看看那儿的孩子们，他们的命运起伏与这片土地的兴衰休戚与共。

我去往中国的旅途非常漫长，万里跋涉后才能抵达这个广袤无垠的国度。中国的国土面积比整个欧洲大陆还要广阔，世界上四分之一的人世居于此。

中国疆域辽阔，气候多样，峰峦巍峨，江河壮丽。山顶上常年覆盖着皑皑白雪，亚洲第一大河——长江也蜿蜒于此。内陆地区平原辽阔，舟车便利，京杭大运河总长600多公里，贯穿了长江与黄河，也连通了京师①和杭州。

长城屹立于中国北部，长1900多千米②。早年，一位中国帝王为抵御鞑靼人③的进攻，兴建了万里长城。

中国幅员辽阔，历史源远流长。上溯可知，当摩西

① 即北京，北京在明清时期被称为"京师"。
② 长城总长实为21196.18千米。
③ 鞑靼是古代中原人对北部国界线境外的各游牧民族的统称。

万里长城（局部）

（Moses）带着以色列的子民离开埃及①时，中国已然发展壮大，并且有了自己的法律条例和文学作品。一个宁静的夜晚，撒母耳（Samuel）初闻上帝之音②，大约10年后，中国的君主（名为"文王"）已在执笔著书，其作品至今仍被奉为教育准则，诸多贤才志士诵读铭记。当我们的先祖还如蛮夷一般游荡于不列颠的森林之中时，中国人已经创造了高度的繁荣与文明。

至此，我不再对中国的概况与历史多加赘述。我们来聊聊这片土地上的孩子。让我们一起走近他们的成长环境与生活境遇，了解他们的故事与人生。

我们来走进中国的家庭，看看新生的婴孩，看看那些呱呱坠地的小生命。竹制摇篮里躺着一个婴儿，他的小脸上一双溜黑透亮的眸子好奇地望着你。

盛夏季节，婴儿不会穿得太多，一件轻薄的衣服足矣。但严寒的冬日里，没有生火，不能取暖，大人就给孩子套上一层又一层的棉衣，孩子被裹得活像小棉球，怪模怪样。中

---

① 据《圣经·出埃及记》载，以色列人在埃及饱受欺压，万分煎熬。耶和华得知后，晓谕先知摩西带以色列人走出埃及，帮助他们脱离苦海，去往应许之地迦南。
② 据《圣经·撒母耳记》载，童子撒母耳在以利（Eli）面前侍奉耶和华时，多次听到神的呼唤。

国孩子的穿衣风格与英国孩子大不相同，他们很少穿白色衣服，而大多是红色之类艳丽的颜色。不光如此，孩子胖乎乎的手腕上时常会绑着一根红色的绳带。这在孩子父母眼中可事关重大，要是忘了给孩子系上，便有可能遭遇不祥。看到有孩子不听话、难以管教时，街坊邻里常常会说："孩子爹娘当年肯定忘了给他绑红绳带了。"好像只要绑上这根神秘的红色绳带，就能让孩子温良恭顺、和乐成长。除了这根绳带，孩子的脖子上还戴着一根红绳，绳子上串着许多小物件儿。这可是孩子的护身符，庇护着他不受恶灵侵袭，远离无端的纷扰。绳子上挂着的物件儿是中国的铜钱。大人将铜钱仔细擦拭后，用一根红绳从中穿过，然后挂在孩子的脖子上，护佑他免受腹痛等恶疾侵扰。此外，有的孩子身上还会有一些护身符，形状大多如神话传说中的神兽，有的还是银制的。但无论是什么形状或材质，孩子们要么含在嘴里，要么摩挲把玩，叮叮当当，饶有乐趣，就好像英国的孩子玩珊瑚、铃铛一样，其乐无穷。等孩子半个月大的时候，家里一般会举行仪式，向神明表示感谢。家人会为观音菩萨设置神位，并在菩萨面前献上贡品。

在中国，满月对婴儿来说是最为重要的仪式。若是男孩，尤其是长子，所有的亲朋好友，无论远近，都会受邀来

中国婴儿

参加满月筵席，共享喜庆。他们可不会空手而来，银项圈、护身符、压岁钱、彩鸭蛋、蜜饯和糕点等各色礼物会在主人家里堆成小山。另外，满月剃头乃重中之重。[①]英国的孩子虽然没有剃过满月头，但长大后也还是长发飘飘，如果中国的父母知道的话想必会大为惊讶。剃发仪式会在祖先的牌位前或者观音菩萨的神位前举行。剃头师傅从不主动要价，但这却是他最挣钱的生意，因为喜家都会心甘情愿地给他一笔可观的钱财作为答谢。

满月礼上，孩子外婆的角色异常重要，她可是当天的上宾。如果外婆家家境富裕，就会在当天送来丰厚的礼物，其中最重要的礼物便是满月帽。帽子以刺绣为装饰，绘有十八尊金制、银制或者铜制的罗汉。孩子戴上满月帽，十八罗汉就会为他带来好运。

满月当天，大人还会给孩子取个乳名，但这个名字并不会伴随他一生。等长大入学时，先生会为他重新选个学名；待成婚之时或者有幸金榜题名，还可能会再起新名。

有些乳名让英国人听起来很不入耳。但是，中国的父母

---

① 俗信婴儿的胎发来自母体，难免有所谓的血污，因此必须剃头，一则剃除秽气，二则期望婴儿的头发长得浓密。婴儿祭祖拜神前须先理去胎毛与眉毛，以示尊重。

满月剃头

是不会给孩子取好听的乳名的，他们怕好听的名字会传递出他们对孩子的深深爱意，这样容易招惹妖魔鬼怪，给孩子带来无端的灾祸。因此，孩子们时常被唤作"傻蛋""赖娃""跳蚤""脏蛋""狗娃"等。邪魔恶灵听到这些名字，会误以为父母并不拿孩子当回事，也就不会想方设法来纠缠折磨他了。

为使孩子特别是独子免受邪魔恶灵的袭扰折磨，许多小男孩打小便穿上僧人的袍子，剃了光头，一直到八九岁。到那时，如果他们身体健康、体格强壮，就可以穿回正常孩子的衣服了。孩子的父母会觉得他们已经成功地骗过了邪魔恶灵，担惊受怕的日子也就过去了。父母让孩子穿僧人的袍子、剃光头，都是为了让妖魔鬼怪觉得他们压根儿不在意孩子。

不难发现，一个人从初降人世开始，中英两国的风俗就相去甚远。在英国，不管男孩女孩，父母都同样珍视，倍加疼爱，他们都是父母的掌上明珠。但在中国，情形则大不相同。

当亲戚朋友得知一个新生儿降临了，性别是最重要的信息。如果生了男孩，皆大欢喜，大家会满心祝福，手捧礼物，登门道贺。要是生了女孩，亲友们就会觉得，孩子的父母更需要的是安慰，而非祝贺。如果来客仁慈，能说出的宽慰之言也不过是："哎呀，好啦！好啦！就算是女孩子，也总会有点用的！"

当家庭迎来一个女孩，有的父母宁愿将孩子抛弃，也不愿劳心费力地把她抚养成人。有的母亲甚至丢弃了五六个女婴，不在意她们弱小的性命能否在这世间存活。有不少善良的中国人，他们为了挽救这些小女孩的生命，在许多城市里建起了育婴堂，收留了很多被父母遗弃的女婴。育婴堂会把女婴委托给一些来自乡村的乳母进行寄养和照看。每个月乳母们都要把女婴从乡下带到育婴堂来接受检查。她们有的挑着扁担，扁担上挂着圆圆的箩筐，孩子就搁在筐子里。如果婴儿胖乎乎的，营养良好，乳母就可以顺利拿到工资；要是婴儿面黄肌瘦，体弱多病，她们的工资就会大打折扣。

此外，罗马天主教也开办了许多育婴堂、宣教所。新教传教士的妻子们时常能听到门外初生女婴的低声哭号，父母不忍心伤害孩子的性命，却又不想将其抚养成人，就将孩子放在宣教所门口的台阶上。

前面谈到满月酒和剃满月头，女孩也不例外，满月时也要剃头，但她的满月宴席远不及男孩那么隆重。父母一般会给女孩起"引娣"（引来一个弟弟）、"来娣"（招来一个弟弟）这样的名字，满含着下一胎生个男孩的希望。如果女孩是家里的二胎或三胎，根据各家的情况，女孩的名字可能特别简单随意，只唤作"大女"或者"二女"。当然，还是有父母会给女儿取一些略带诗意的名字，像是"珠""芳"或者"宁"，或是用一些花的名字，比如"水仙""百合"或者"玫瑰"等。

满月筵席之后，孩子第一次出门就是去外婆家。外婆会给孩子准备许多礼物，每一件都有祥瑞福气的寓意。比如，礼物里会有几株长势良好的蔬菜，以示外婆希望孩子苗壮成长；再如谷糠，意味着外婆希望小外孙长大后能学富五车、名扬四海。

婴儿长到四个月大，就能自己坐在椅子上了，这样一来，也省去妈妈或是家仆的抱孩之苦。为了让孩子能安宁喜悦地自己坐在椅子上，有时候大人会给椅子上放一些软糖。

带孩子出门的时候，家仆一般会把孩子绑在背上。那些家境贫寒、无力负担家仆费用的家庭，就只能是母亲自己背着孩子，这样才不耽误干活儿、做家务。

在我看来，孩子们都很可爱。当妈妈捧着他的小脸，不去亲吻，而是细细地轻闻他软软的小脸蛋时，他也会露出喜悦的笑脸。孩子喜欢听妈妈轻声细语地哼唱《茉莉花》，或

带孩子

是其他流行的小曲儿，哪怕有点走调，他也会开心地拍着小手，和着节拍——

你拍一，我拍一，伸出小手把掌击；

你拍二，我拍二，一同玩耍真有趣儿；

你拍三，我拍三，拉弓射箭乐如仙。

周岁礼也是孩子一生中为数不多的隆重仪式。父母会大摆筵席，亲朋好友应邀而来，筵席非常丰盛，美味佳肴一应俱全。

当然，礼物也会随之齐至，其中当数绣花鞋最合时宜，因为孩子很快要开始自己走路了。孩子的各家女性长辈都会用她们的巧手穿针引线，缝制色彩艳丽的绣花鞋，有的上面绣着猫头，寓意着孩子走路如猫一般气定神闲、稳稳当当，有的绣着青蛙、花朵，还有的绣着一些神秘的图案。这些绣花鞋蕴含着对孩子美好的祝愿，寓意他日后事事如意。

周岁筵席结束，就要举行重要的抓周仪式。家人会在祖先的香案前摆上桌子，小寿星宝宝穿着大红色的衣服趴在桌子中间，他的身边则摆放着各式各样的物品，有官帽上的顶珠，有项链、书本、笔墨纸砚、铜钱、假花，等等。每件物

寺庙

品都代表着孩子长大后可能从事的职业。抓周最关键的就是看哪个物件会吸引孩子的注意力，最先被他的小手抓住，这就预示着他未来的职业选择。孩子的奶奶通常会大费心思，精挑细选，把寓意最佳的物件放在孩子小手最易触及的地方。要是孩子恰好抓住了那颗亮闪闪的顶珠，气氛会顿时热闹非凡，祝贺溢美之词不绝于耳。

孩子两岁之前，还有很多类似的庆典和仪式在寺庙里或是自家的供桌前举行。仪式上常会焚香，烧纸钱，放鞭炮驱邪，敲锣打鼓，等等。这些庆典和仪式上的场景我不再赘述。

到了周岁，孩子已经平平安安地度过了他生命里的第一个年头。接下来，我们去探访一下孩子的家人和朋友，再来听听从孩子的小嘴中发出的咿呀儿语。

第二章　中国儿童的家庭生活

当中国儿童开始用他乌溜溜的眼睛打量着这个清新奇特的世界时，他所见之风物与英国儿童迥然不同。他将终其一生，成长于斯。

　　和英国儿童一样，中国儿童最感兴趣的就是母亲的面容。中国妈妈的面容与英国妈妈相去甚远。中国妈妈与她的孩子一样，双眸乌黑透亮。她脑后束着乌黑的发髻，发髻形状奇特，有时候像一对蝴蝶的翅膀，有时候是其他漂亮的样式。她的额头宽阔饱满，因为在出阁嫁人之前，她会剃掉额头上细碎的绒毛，这样显得天庭饱满，脸庞圆润。

家庭合影

母亲的几根手指会特意留很长的指甲，代表她已是太太，无须事事劳烦双手。为了保护修长的指甲不被折断，她时常佩戴着金制或是银制的护甲。再看看她的脚！谁都想不到这竟然是一双成年女性的脚。从小时候起，她的双足被结实的棉布条层层缠裹起来，只为了能穿上特制的绣花小鞋。鞋子只有3英寸①长，一般由色彩鲜亮的缎子缝制，上面绣着精美的图案。让我感到不可思议的是，这样的小脚竟会招来众人的艳羡——大家觉得她步态轻盈，如风摆杨柳。那脚被称为"三寸金莲"。看着她的"三寸金莲"，我不免心生疑虑，这样的双脚竟能走路，而且不摔跟头，真是不可思议！

　　在欧洲人眼里，中国女性的穿着也令人感到新奇。印花丝绸缝制的外套，板型宽松，色彩明艳，金色丝线镶边。袖子足有1码②多宽，绣着精美的锦条丝缕。外套下面的裤子也异常宽松。每逢正式场合，她会穿上褶裙，裙子上有各式精美的装饰。她还会穿金戴银，佩戴首饰，黑色的发髻整齐盘起，精巧的发簪点缀其间。又大又重的耳饰悬于两耳，耳垂微微下坠，手上戴着好几枚戒指。首饰中绝少不了的还有手

---

① 英寸，英制长度单位，1英寸约等于2.54厘米。文中鞋长3英寸，相当于7.62厘米。
② 码，英制长度单位，1码等于94.11厘米。

腕上大大的镯子。

如有亲友受邀来家里共进晚餐,孩子的母亲从来不会和客人同桌用餐,而是在自己的房间里单独进食。客人在前厅相谈甚欢,时不时会传来衣裙声和低声的谈笑,这时女主人和仆人们也会好奇地侧耳倾听。窗户一般是纸糊的,她们在窗户上戳个小洞,或趴在门上,或从帘子的缝隙间看上几眼。

孩子妈妈不识字,不读书。单是每日的梳妆,就够仆人忙前忙后好一阵子,如盘发插簪,涂胶定型,用色彩缤纷、气味芳香的鲜花点缀发髻,还要给脸上涂脂敷粉。梳妆打扮、收拾停当后,她会去做一会儿女红,或者是陪孩子玩一会儿。

每隔几天,会有年长的嬷嬷登门造访,或来卖花,或来算命。这对足不出户的母亲来说机会难得,正好可以解闷散心。除此以外,偶尔还会有媒婆登门,她们辗转各家,以牵线搭桥、定娃娃亲来谋生计。但是不管她们为何所来,都备受欢迎,因为她们消息灵通,见多识广,扯扯东家长,拉拉西家短。这对长居深宅的母亲来说,就像是一股清新的风吹进了寂静的内宅。

如前所述,孩子妈妈总是深居简出,足不出户。但一年

母亲肖像

中也会有那么一两次，她可以乘坐轿子出门，轿子由几个轿夫抬着，轿帘紧闭。

　　早春时节，孩子母亲会去城外为婆家祭祖。途中要越过一大片平地，地上散布着不计其数的坟头土包，寸草不生，一片荒芜，偶尔有半裹着草席的棺材裸露出来，孩子的列祖列宗就在此安息。据风水先生说，这片茔宅堪称风水宝地，背依青山，为逝者阻挡凛冽的北风，南边阳光和煦，可以终年照耀大理石墓碑。孩子妈妈为故去的亲人准备了各式各样的食物和祭品。祭祀时，她得退到一旁，由家族的男性上前祭供，供上祭品，边烧香，边焚纸钱，祈祷着先祖的亡灵前来享受这些为他们准备的盛宴。

　　孩子生病的时候，妈妈也会破格出门，去一些香火旺盛的寺庙，在观音菩萨神像前虔诚许愿，希望菩萨除灾祛难，护佑自己的孩子康健无恙、安适如常，并许诺孩子康复之后，定携厚礼前来敬香还愿。

　　再就是孩子父亲了。他们前额的头发剃得精光，余下的头发则编成长长的辫子垂在脑后。为了使辫子显得更粗更长，剃头匠有时会添上些假发或黑丝线。孩子父亲穿着锦丝长袍，天冷时在里面加一件缎面棉背心，严冬酷寒时会穿上加缝皮里子的长袍。平日里，孩子的爸爸头戴黑色的丝质瓜皮帽，天气暖和后，就什么都不戴。他的官帽一般是圆顶毡帽，帽子边缘外翻立起，镶着一层黑色皮毛。帽子顶镶嵌着一颗顶珠，代表着他的官位。帽子上所镶顶珠的颜色代表着不同的官衔，深红色顶珠代表最高级别的官衔，其次是淡红色、淡蓝色、深蓝色、珍珠白，官衔最低的则是镀金的珠子。孩子父亲脚蹬一双缎面鞋，鞋底很厚，一般为白色。

孩子的父亲虽然知书达理，但只要稍加攀谈，你就会发现他其实所闻不多。他能够将整篇成章的中文典籍倒背如流，即刻便能讲出任何一篇文章典出何处，还能加以解读阐释，但是问他一些简单的地理问题，他却只知道中国幅员辽阔，万国来朝。他对自己生于天朝之国深感荣幸，并自信其他国家对此殊荣万分羡慕。

孩子父亲没有宗教信仰，但从来不会忘记在列祖列宗的灵牌前焚香、烧纸，因为他坚信，那些木刻的牌位中安放着先祖的亡灵。他不但把深厚的父爱都倾注在他的宝贝儿子，而且将自己对幸福的期冀都寄托在这个幼小的生命上。

如果天降灾祸，他的宝贝儿子不幸夭折，父亲日后进入阴间，将在漆黑中四处游荡，衣不蔽体，食不果腹，居无定所。因为只有逝者的儿子在祖宗的牌位或家族的坟墓前尽忠尽孝，才能满足逝去的父亲的遗愿，让亡灵得以安息。

父亲肖像

穿着官服的官员

难怪儿子生病时，一向自傲的父亲会屈尊俯就，挨家挨户地乞要一枚铜钱，直到攒够100枚。孩子父亲相信，他讨来的不单单是铜钱，更是各家各户美好的祝愿，可以护佑孩子平安健康、富贵荣华。父亲会用讨来的这些铜钱买一把百家锁，戴在儿子的脖子上，形影不离。而当孩子罹患重病时，孩子的父亲会扛着一根挂着孩子衣服的竹竿在城里的大街小巷边走边喊"回来啊，回来吧"。这是在为被邪魔恶灵勾走灵魂的儿子招魂。毋庸置疑，在中国，父母的人生意义和未来幸福都与孩子的性命息息相关。

　　中国孩子居住的房屋也与我们英格兰老家的寓所迥然不同！中国的房屋都是平层，房间与房间前后相邻，中间有一片露天的空地，唤作"天井"，装饰非常精美。天井中间放置假山奇石，上面和周围养有各式各样的矮小花木。假山旁边还有几泓人工池塘，里面有金色、银色等各色小鱼。有的池塘里还种着荷花，莲叶在水面舒展，淡粉色的荷花娇羞欲滴。天井四周摆放着精致的陶器和大大小小的花盆。有的里面种着小金橘，墨绿油亮的叶子里有清香扑鼻的花蕾若隐若现，金灿灿的果实隐约闪烁其间。还有一些漂亮的夹竹桃，缤纷的石榴花苞，不一而足。安静的角落里，紫藤、茉莉、攀枝月季，各色花木竞相绽放。深秋时节，微风过处，桂花

园林庭院

香气四溢，沁人心脾。

我对房屋着墨不多，却对中式园林大谈特谈，按英国的逻辑，可谓本末倒置。但正如前文所述，在中国，一切都大不相同，在这儿，房子围着花园建；在英国，花园绕着房子修。

走进宅子，进入主厅，这间屋子被称作堂屋，里面放着一个大大的长方形卧榻，卧榻中间置一几案。卧榻一般正对着门，靠墙陈列。一对对修长的立轴挂在墙上，上面写着格言警句，大都选自中国经典著作。如果没有专设供屋安放祖先牌位，一般会把祖先的牌位也放在堂屋。堂屋两侧对称摆放的是两把精雕细琢的椅子，椅子中间夹着一张几案。所有中国家庭的房间陈列方式毫无二致。当有客人登门时，主人会引导客人在堂屋落座，落座的位置依客人在主人心中的地位各有不同，主人左边的座位为上座。

中国人不用炉火取暖，因此家中没有壁炉，但在北方的一些地区，家中会有一个宽大的砖炕，砖炕里铺有空心的烟道，通过加热烟道取暖。房间没有玻璃窗户，即使外面阳光灿烂，室内仍显得阴沉昏暗。每天晚上，高悬于屋顶的灯笼会被点亮，屋内顿时灯火通明。屋内还有一扇侧门，常年挂着帘子，通往屋后家中女眷的房间。门窗好像总不能闭得

堂屋内景

严丝合缝，因此，唯一保暖的办法就是多穿衣服。外套套外套，褂子叠褂子，层层衣物包裹下，人几乎要喘不过气来。穷苦人家全靠棉衣取暖，富贵人家会穿上皮毛里子的大衣御寒。此外，他们用手炉和脚炉暖手暖脚。炉子状似小黄铜篮子，盖着镂空的盖子，里面装着烧红的木炭。手炉非常精巧，可以塞进宽大的衣袖中。

走进卧室则会发觉，中国人的床与英国并无二致，但他们的床上既没有毯子，也没有床单，只有一床大大的印花棉被，非常精美，既可以当床垫，也可以做被子。枕头不是柔软的羽绒枕头。夏天为了保持凉爽，他们枕着坚硬的竹枕。冬天，他们会换上绣花的布枕，但也是硬邦邦的。

再来看看中国人的饮食，他们连吃饭都与我们大不相同。中国人见面打招呼，不会询问你身体是否安然无恙、康健如初，而是会彬彬有礼地问道："您吃饭了吗？"饭即米饭，足见稻米是华中、华南的生命之粮。

中国家庭的餐桌上永远见不到刀叉，只有两根大约1英尺长的棍子，要么是象牙做的，要么是漆木做的，外国人管这个唤作"劈开的棍子"（chopsticks），中国人叫它"筷子"。

吃饭时，每个人都会盛一大碗米饭，碗端在嘴边，右手拿着筷子把米饭往嘴里拨，很快就能把一大碗饭吃光，然后准备再盛一碗。桌子中间摆放着碗碟，盛有烧好的蔬菜、鱼、肉等。吃米饭时，他们会时不时用筷子夹菜佐味。

英国人将大块大块的肉摆上餐桌，这在中国人眼里实在不够雅趣，有伤风化。于他们而言，剔骨切肉、烹调烧饭都是仆人的份内之事，实在不该让主人在睽睽之目下屈尊俯就、忙此粗活。

中国的宴席有时能吃上好几个小时，餐桌上不铺桌布。最先上桌的一般是果脯、坚果之类，以供开胃。每一道菜都盛在盘中，菜量充足，可供全桌分食。菜品极其丰盛，各式菜品有时能达二十五道。燕窝羹、海参、鱼翅、鸭舌等，都是中国宴席上常见的美味佳肴。几乎所有菜品都要炖炒，用大蒜或油料调味。对欧洲人而言，这些菜肴的口味的确不敢恭维，难以适应。因此，有外宾出席宴席时，主人会吩咐厨师少加佐料，清淡烹制，以适应西方人的口味。在中国，酒要温热后才会上桌，热酒盛在锌壶或银壶里，然后倒入小巧玲珑的瓷杯。至于茶，那可是家家常备的中华国饮，每每有客人到访，都会即刻奉上香茗。但中国的茶和英国不同，既不加糖，也不加奶。

第三章 中国儿童的见闻

孩子第一次出门，要么由仆人抱着，要么骑在仆人的脖子上。一出家门，就走进了这个熙熙攘攘、忙忙碌碌的世界。在我这个西方人眼中，这也是一个完全陌生的新天地。穿行于中国的大街小巷，不难发现，即使是城市中最宽阔、最繁忙的主街，也比英国的小巷狭窄。街道两旁没有专供人行的便道，道路大都由石板铺成，石板大小不一，形状各异。在中国的城市中心地带鲜有空地或广场，房屋一幢连一幢，挤在狭小的空间里。城中的房屋多由木材建造而成，一旦发生火灾，整条街道都可能化为灰烬。火灾防不胜防，时有发生。然而不等浓烟散尽，人们就要开始在灰烬中重建家园，在废墟里搭起商摊，尽可能让生意不受影响。

城墙一角

在中国多数城市，城墙巍峨坚固，城门防卫森严。日落之时，城门关闭，天亮之前，任何人不得出入。城门口常年有兵勇站岗看守。兵勇的制服一般由蓝色棉布缝制而成，偶尔会配上红色外套或背心。衣服上缝着一块白色的圆布片，上面写有汉字，以示其属部名称。

让我们来看看街市。一大早，挑夫就从河里挑了水，一路上，桶里的水滴滴答答，洒落街道，整条街都是湿漉漉的。街边店铺的各式招牌，五颜六色，自成一道风景。中国的招牌也与英国迥然不同。在英国，招牌一般挂在门上；在中国，招牌都挂在凸出的屋檐上，足有8到10英尺长，招牌漆得油光锃亮，镌刻着精挑细选的号名，用词大都考究。例如，"德胜记"毛皮店，"仙优居"布料店，"和福记"棺材铺，"天锦记"煤料铺，等等，不一而足。等到春去夏来，街上的店铺都会搭起凉棚，为过往的行人消暑遮阳。

街上一般看不到马车，偶尔能见到有人骑马，周围簇拥着一班衙役，在街上招摇而过。轿子比较常见，大大小小，各式各样，有轿室宽敞、装饰精美的官轿，也有简陋的竹竿绑成的滑竿。中国轿夫在街角等着生意上门，英国车夫在街头等人乘坐马车，两者何其相似。不可思议的是，轿夫们总能从熙熙攘攘的人群中借道而过，穿梭自如，边走边扯着嗓

农夫赶集

子喊："借过借过，当心后面！"

街上不时会看到一些苦力。有的扛着沉重的米袋，为官府粮仓运粮；有的担着满桶满桶的水，从城外挑到城里。他们脚如注铅，步履艰沉，边走边喊着"嘿呦！嗨呦"的号子，低沉而单调。

漫步街市，可以看到各色人等。有人挑着两个大箩筐迎面走来，箩筐里盛满褐色的肥皂，油光闪闪，本地人称其为"皂角"。说着又来一个卖灯笼的，挑着长长的扁担，两头各挂着50多个灯笼架子。虽然身扛重物，他却能避让自如，穿行在拥挤的街道当中，令人叹服。突然，一头体型巨大的水牛蹒跚而来，人群挤向路边，给牛让路，小牧童骑在水牛上，怡然自乐。没过多久，我们又遇到脚夫抬猪。两个脚夫抬着一根长棍，中间吊着一个巨大的圆形竹筐，猪就装在竹筐之中。他们觉得，要穿过这狭窄的街道，抬着猪比赶着猪走方便多了。后面又跟来一班衙役。最前面走着的是随从，一人端坐轿中，定是一位高官大员。官轿装饰精美，雍容华贵，轿中人穿丝戴绸，表情严肃，虽不动声色，却倍显尊荣。后面的随从紧随官轿，衣着简朴。队伍前面有一两对官兵开路，头戴官帽，手握皮鞭，一群流浪儿紧随其后。开路的官兵举着"肃静""回避"牌子。队伍的末尾有人擎着大红华盖。每当官员落轿，他们就会高高举起华盖，悬于其上。

中国的街道本来就非常狭窄，临街的店铺前还摆满了各式各样的小摊，街道更显局促。街头补锅匠就在此摆摊，他旁边是江湖郎中，对面是一个银锭换钱的小摊，一张桌子摆在面前，上面放着几串铜钱、一杆秤和一些碎银子。旁边还有修眼镜的、剃头的和卖零食的小摊。

我们再多看两眼街边的小吃摊，看看那些让人胃口大开的小吃。小吃摊上并没有传闻中的狗肉、猫肉等，而是蒜香腊肠丸、香芹拌牛肉、令人垂涎的炸鱼片、鲜香肥美的猪肉饺子，还有色泽金黄的烧饼，等等。各种美味佳肴应有尽有，难怪这些小吃摊总是被围得水泄不通，即便这临时的摊位条件简陋，食客们还是狼吞虎咽，吃得津津有味。

顺道再瞅瞅剃头匠的路边小摊，他的生意总是异常火爆，因为男人们每隔几天就要剃头。

小吃摊

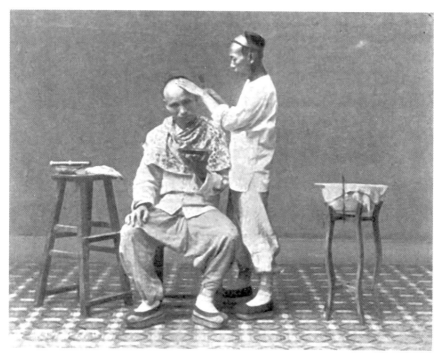

剃头匠

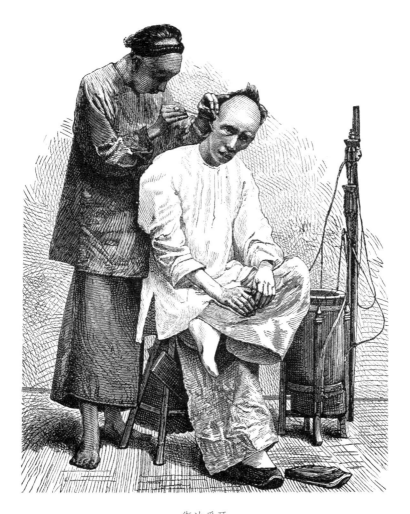

街边采耳

算命先生的摊位上，顾客也络绎不绝。算命先生神通广大，自称能通过各种方式预测吉凶祸福，比如拆字占卜、火灼龟甲、问鸟求签，不一而足。

有位后生上前求卦，他满面愁容，神情沮丧，告诉算命先生他要出门远行，想求问旅程是否顺利。"离家远行"，算命先生一边说着，一边用米粒从笼子里引出一只鸟。这只鸟虽然其貌不扬，但却聪明绝顶。算命先生拿出一沓牌签，每张牌签上写有不同的祸福际运，他洗洗牌签，让鸟自行选衔。选定之后，算命先生开始解签："此行不吉，财路不畅，宜暂居家中，另择吉日出行。"

那儿又走来一群盲人，相互抓着衣角，鱼贯而行。他们是干什么的呢？原来是四处漂泊、沿街乞讨的盲人乞丐。他们沿街挨摊挨铺乞讨，多数店主、摊主都会给他们一点小钱。也有些店主为求安宁，慷慨解囊，多施银钱，免得乞丐日日上门打扰。

看，这儿还有一帮乞丐。中国乞丐人数众多，自成一行。他们直接坐在冰冷的地上，把自己令人痛心疾首、涕泗横流的不幸遭遇编辑成文，写在地上或木板上。他们的处境极其悲惨。他们在石板铺成的坚硬路面上使劲地磕头，恳求那些"好心的路人"给他们施舍些许钱财。不难看出，他们有时也颇具心计，会用厚厚的皮垫子包好自己的头部，免得磕头时用力过猛，撞疼了脑袋。

还有一类是化缘的和尚。他们身着宽松的黄色僧袍，不蓄辫，脑袋剃得精光，腰间系着木鱼，边走边敲。木鱼本是一种打击乐器，在寺庙里祭祀诵经时多有使用，声音空灵而单调。外出化缘的僧人一般要精挑细选，他们都资历较老，见多识广，出门时随身挎着布囊，收取善男信女的施舍。那些信仰佛教的人相信，给僧人施以钱财，会为来世的自己带来福报。

很多店铺门前鲜花竞相怒放，养花的花盆都产自鄱阳湖畔誉满四海的景德古镇。中国人爱花，花农花匠的生意自然不会清淡。时常能见到卖花的人挎着几个浅浅的竹篮，篮子里的花草种类繁多、色彩斑斓。花匠的目标就是悉心栽培植株花草，让竹篮里花团锦簇，争相斗艳。初春时节，蜡梅馥郁芳香，杏花恬淡娇嫩；之后便是缤纷的杜鹃、玫瑰、石竹、牡丹、石榴和睡莲。及至秋风飒爽，瑰丽的鸡冠花开了，茎秆高壮，花朵硕嫩。色彩繁多的菊花时常让园丁深以为傲，菊花兼具西番莲和紫菀花之美。微微秋风拂面，丹桂飘香，弥漫大街小巷。

大户人家每年会给花店付一笔钱，让他们来打理自家的庭院和花园，好让园中一年四季鲜花飘香。即使沉闷的冬日，也有洁白如玉、芳香醉人的水仙，花姿丰盈、娇艳欲滴的山茶，在严寒中依然绽放着别样之美。

如前文所述，中国的大多数城市没有广场，但寺庙、衙门前面都有类似广场的空地。官衙门口一般都立着高大威猛的动物石像，中国人称之为"石狮"。大人常用石狮子来吓唬孩子，说它们在白天是石狮子，到了夜里就会活过来，在街上游荡。

我们已在中国繁忙的城市街道逗留了许久，现在一起走进店铺，试着和柜台后面抽着烟斗、悠闲自得的老板谈谈生意。这是一家瓷器店，远近闻名的珍品陶器琳琅满目。店里有5英尺高的花瓶，华贵的花瓶上勾勒着各样精巧的人像。旁边是桶形的瓷凳，上面摆着精妙绝伦的花盆和各类家用器皿。还有酒壶和精致的茶杯，以及大量专供外销的精美瓷品，例如带把手的英式茶具，这是本地人鲜有使用的。形状各异的装饰品，大小不一，种类繁多。店主递上我们想买的瓷器，用平静的语气要出了平日2倍的价格，我们立马说太贵了，他稍稍降低了要价。经过几轮来来回回的讨价还价，最终以店家起初要价的一半成交。即便这样，他也已然心满意足，因为我们这些外来人身上赚头不小，成交的价格比卖

官衙门口

给当地人的价格高出了许多。在我们离开商店之前——实际上在我们讨价还价时——老板已经端来了热茶，还递上了一把烟斗。

这会儿，有个人向我们走了过来。他拎着两个又大又深的竹筐，其中一个筐子上插着一面小旗子，上书"敬惜字纸"①，这又是做什么营生的呢？他一路前行，忽见有门打开，走出来一个仆人，手提着纸篓，接着把篓子里的废纸倒进大筐。原来，有专门的机构②派他走街串巷，回收大大小小书写过的纸张。这样，他们就可以把这些纸张带到寺庙的院子里，在专用的火炉里焚烧。中国人认为，家庭厨房里的火炉太过凡俗，不适合焚烧神圣的字纸。对中国人而言，敬惜字纸无异于积功行德，在生命之旅的尽头，阎王爷清算此生罪孽时，会根据他们的功德酌情抵过。

西人对印刷或书写的字纸轻视傲慢，毫无敬惜之情，这更让中国人坚信西人蛮夷未开、冥顽不化。我们用字纸包裹

---

① 敬惜字纸，一种古代传统的文字崇拜理念。这是一种对写有文字的纸张的处理办法，主要有三：其一，不胡用乱放；其二，妥善保管；其三，收集焚烧。受科举制度的影响，古人认为对写有文字的纸张应怀崇敬之情和爱惜之心。

② 应为"惜字会"，又称"字纸会"或"敬字社"，是专门敬惜字纸的机构。用募捐所得雇人定时上门收集字纸，集中焚烧，再将灰烬装入罐子，到河边或是海边小心谨慎地置入水中。

东西，还常常在不留心间将纸张踩在脚下，中国人理所当然地认为，西人一定没有值得称颂的文字或者作品，否则，绝不会对字纸如此不恭不敬。

我们又路过一家颇为讲究的茶馆，这是中国人聊天闲谈的常去之所。一群人聚坐其中，品茶交流，谈天说地。茶馆给客人提供瓜子和花生。你只需要花点小钱，就可以在此闲泡一天。

离开拥挤的街道之前，我们再来看看这些街道的名字。即便是名不见经传的普通街市，街名也往往十分高调。我们首先看到的那条街道是永福街，旁边是孝心巷和永和苑，还有查家巷、新街、马尾巷、针线胡同和天宝街。

出城的时候，你会穿过两道厚重千钧的大石门。城门外常年悬挂着一个竹制的笼子，里面是死刑犯的人头——那场景简直令人毛骨悚然。这么做是为了威慑作恶多端之人，但过往的行人大都对此视而不见，丝毫不受影响。

城门楼下贴着各式各样的告示，有宗教节日将近的通知，也有佛门剃度出家仪式的布告。还有很多各式广告贴在那儿，比如卖煤油的，推销各种江湖药品的。此外，会贴一些悬赏酬谢的寻人启事等。

行文至此，应不难发觉，尽管有诸多方面大不相同，但是中国这个古老国家的城市风俗、景观与英国的城镇也有许多相似相通之处。闲逛之余，思忖各种所见所闻，不禁感慨，世间万物的本性其实并无二致。

第四章　中国男童的学堂教育

在中国，男孩子长到6岁的时候，家长就开始考虑要送他去上学了。

孩子上学是家中大事，家人会请算命先生择定良辰吉日，再将孩子送去学堂。一般是父亲送孩子去上学，让我们随他们一起，一睹中国学堂的面貌。上学的孩童穿戴干净整洁，前额的头发也剃得干干净净，一条黑色的辫子垂在脑后。学童有时候恶作剧，会把两个男孩的辫子绑在一起，让两人都行动不便。

夏天的时候，学童头上什么也不戴，上身只套一件棉布上衣或者背心，下身穿一条宽松的棉布裤子。天气变冷的时候，他要穿上五六件上衣或马甲，一件套一件，有的衣服还加着棉里子。看见他时，你不免会想，穿戴得这么臃肿，活动胳膊一定很不方便吧。学童头戴无檐绸帽，颜色有蓝有黑，帽子顶上有一个朱红的绒线球，后面通常垂着丝线制成的流苏。学童脚蹬布靴，白色的靴底异常厚重，鞋面上有母亲亲手刺绣的花卉或蝴蝶。学童的母亲一般都精于女红，并以此为荣。有时学童的腰间会佩着钱袋，这也是母亲亲手缝制的。钱袋里面装不了几个铜钱。铜钱形圆，中有方孔。孩子攒了多一点钱时，就用一根草绳或线绳把钱串在一起，绳子两端打上结，以免脱落丢失。

就算没有钱袋，他们也能把自己的玩物宝贝悉数收藏起来。他们的衣袖又长又宽，是绝妙的收藏之处。英国管开本较小的书叫"口袋书"，因为在英国，东西是装在口袋里的；中国人管这类书叫作"袖珍书"，因为在中国，东西是藏在袖口里的。

他们用毛笔写字，毛笔的形状、大小和英国大号的驼毛画笔差不多。学童手握毛笔，笔杆垂直，临着书帖，在宣纸上描摹着所学的汉字。

毫无疑问，英国的孩子一定会觉得中国学堂里的课程极其枯燥乏味。因为中国的孩子在学堂要花上好几年的时间反反复复地跟着先生诵读并临摹书写汉字，他们多是鹦鹉学

家庭合影

中国学堂

舌，不解其意。

汉语没有字母，但有214个偏旁部首和字根，所有的汉字都由这些部首和字根构成。汉字都是单音节，自上而下，从右向左一个接一个地竖向写在方格里，英语则是从左向右书写，因此，中文书的第一页恰恰是英文书的最后一页。

中国的语言神秘而古老。大多数人认为，汉语是世界上现存的最为古老的语言，其起源可以追溯到史前大洪水之时[①]。中国人认为，汉字是象形文字，是对事物形状的简洁描摹。

为了让大家更易理解，我列举几个古时候中国人使用的象形文字。下面是相应的中文汉字以及英文单词。

象形文字：☉　☽　♔　♒　♘
汉　　字：日　月　子　山　马
英　　文：Sun　Moon　Child　Hill　Horse

不久，人们就发觉，仅仅使用描摹的图画和符号来构成一种语言的文字，词汇极其受限，远远无法满足一个民族语

---

① 关于史前大洪水，不同地区不同民族均有相关神话或传说。据载，史前时期，北半球发生了规模巨大的海侵事件。

言表达和使用的需要。因此，有读书人慢慢开始探究，如何使用更为丰富的文字符号来满足语言表达的需求，并将原有的象形文字与其他符号组合使用，让其意义一目了然——

地平线（"一"）之上出现太阳（"日"），便指早晨，写为"旦"；

树即"木"，多"木"聚集在一起，便成了"林"，表森林之意；

"门"中有一"口"，则为"问"，含询问之意。

汉语不仅在造字方式上自成一体、独一无二，而且使用同一个偏旁部首或是同一个字根所造之字的数量也十分惊人。汉字共4万有余，读书人日常熟知并使用的只是其中的一小部分。

对外国人来说，汉语口语也很难掌握。因为汉语的语音有不同的声调，同一个读音因其声调不同所表达的意思也会有所不同，有时甚至有多达15种不同的含义。

举个例子，中文中"ji"这个读音，不送气时就有18种不同的意思。它与不同的字组合，能够表达英文中很多名词的意思，如饥荒（famine）、小鸡（fowl）、羁绊（impediment）、足迹（footprint）、基础（foundation）、簸箕（sieve）、茶几（small table）。它还可以用来表达下面这些动作：系绳子、讥笑、拥挤、汲水、撞击和稽查。

还是同样的发音，如果送气，又能表达十多种不同的意思。其中包括戚（低声私语）、气、凄、七和妻；做动词时，可表欺负（insult）、栖息（roost）、涂漆（varnish）、欺骗（deceive）之意。

正因为如此，那些学汉语的外国学生经常犯错，有的错误简直荒唐至极，让人哭笑不得。本来想说"他的鸡"，却说成了"他的妻"；本来想点一块"饼"，却要来一个"瓶"；本来在聊"皮子"，发音却发成了"鼻子"。上述错误千奇百怪，原因却很简单，就是发音时本该送气的没有送气，不该送气的却送气了。

还有，有个外国人想让仆人给自己送块"饼"，却说成了"兵"，弄得仆人一头雾水。有位先生本来只是想要自己的"帽"子，却要来了只"猫"；本来只想聊聊"田"，却大谈特谈"天"。

外国人用汉语进行交谈时，总会闹出一些笑话。这也难怪他们总是羡慕那些中国孩童的语言天赋。孩子们在街上跑跑跳跳，嬉戏玩闹，叽叽喳喳说个不停。

前文主要谈了中国学童要说要写的语言难度颇高，我们再来看看这些孩子读些什么书。第一本是《三字经》。《三字经》的每一句话都是由三个字组成的，易于上口诵读，便于记忆。教书先生会先领读开头的几行内容，孩子们手里捧着书，身体左摇右晃，跟着先生诵读起来。然后，孩子们回到自己的座位上，开始背诵。为了确保每个孩子都在认真背诵，不开小差，先生要求孩子们大声诵读所学内容。如此一来，学堂里声音嘈杂一片。无须多加描述，稍事想象，便可知其情其景。路过一所中国的学堂，里面一定是人声起伏，喧天闹地。

中国学童在启蒙读物《三字经》上学到的第一句话是"人之初，性本善"，接下来便是训诫学生学习之重要，以及教育之必须，归为一句，便是"教不严，师之惰"。每一所学堂里，都有一把竹制的戒尺，学堂的先生人手一把。这无疑证明了古代圣贤的这句格言已被教书先生奉为金科玉律，要对学生严加管教。

接下来他们将学到："三才者，天地人。三光者，日月星。"意思是，世界上有三种力量，分别是天、地和人；有三种光，即太阳、月亮和星星。后面还要学："稻粱菽，麦黍稷。此六谷，人所食。"也就是说，大米、小米、豆类、小麦、黑麦和大麦是人类赖以生存的六种谷物。《三字经》中还涉及其他主题和内容，比如对中国历史的回顾和总结。此外，还介绍了一些古时圣贤之士和旷世奇才的故事，他们都是学童学习和效仿的榜样。我们精选几个潜心于学的例子，简述如下。

有一个书生，颇具盛名，名叫孙敬，生活在2000多年前的汉朝时期。他勤奋好学，晨夕不休，常年独自在屋内读书。为了抵制困意，他用一根绳子将自己的头发绑在屋顶的横梁上。

另有一位杰出学士，家境贫寒，无钱点灯读书，便捕来很多萤火虫，借着萤火虫发出的光继续学习。还有一个人情况类似，他则是在雪地所反射的光下读书。①

有个人，身上背着一大捆柴，尽管被压得直不起腰来，但还是将课文背得烂熟于心。还有一个人，求知若渴，即使

---

① "如囊萤，如映雪。家虽贫，学不辍。"指晋朝人车胤把萤火虫放在纱袋里照明读书，孙康则利用积雪的反光来读书。他们两个人家境贫苦，却能在艰苦条件下继续求学。

是在放牛的时候，也会把书绑在牛角上进行阅读。①

　　还有一个勤奋好学之人，垂范后世。他为了考取功名，独自幽居名山山涧，潜心向学。家中来信之时，他只是看看信封上的文字，确定家中一切安好，便将来信原封不动放在一边。这样做是为了保证自己专注于学业，免受外界干扰。

　　另有一个7岁的男童，天资卓越，聪慧过人。他常年拿一块圆木来当枕头，这样就可以随时醒来，鞭策自己，勤奋不懈。②

　　另一个少年生活在公元之前（所有这些醉心于学习、刻苦勤奋的榜样似乎在很久远的年代就已出现），他虽然家境贫寒，但仍勤学苦读，立志成为饱学之士。为此他想出了一个办法，在自己的房间与邻居的隔墙上打一个洞，通过这个小洞，借着从隔壁透过来的微弱灯光孜孜不倦地学习，最后功成名就。③

---

① "如负薪，如挂角。身虽劳，犹苦卓。"指汉朝时，朱买臣以砍柴维持生活，每天边担柴边读书；隋朝的李密放牛时，把书挂在牛角上，有时间就读。他们在艰苦的环境里仍坚持读书。
② 圆木警枕，指司马光以圆木为枕，因其易于滚动、难以支撑的特点，方才熟睡即会警醒，便起床读书。司马光将圆木枕头取名为"警枕"。
③ 凿壁偷光，指西汉匡衡凿穿墙壁，借邻家烛光读书，后喻家贫苦读。

诗人王禹偁，7岁之时便能吟诗作文。有一位太守对他过人的才气颇为赏识。一天，太守设宴，邀友人前来做客，席间有人提议对对联。太守出的上联是"鹦鹉能言难似凤"，在场的宾客面面相觑，无一人能对出下联。但小禹偁到来之后，便立刻对上了绝妙的下联——蜘蛛虽巧不如蚕。

除此之外，中国的学童还精通算学。他们用算盘计算，拨打起来健指如飞，很快就能算出结果。

学童在学堂还要读一些其他的书，比如广为传诵的《孝经》[①]，这是中国男孩的必学内容。这本书在中国的普及程度远远超过了盛行于英国的《男孩专刊》（*Boys' Own Paper*）。《孝经》中的一些故事生动地描绘了中国人的生活和脾性，在此枚举数例，以发其凡。

孟宗哭竹

三国时期，有个少年姓孟，单名一个宗字。不幸的是，在孟宗很小的时候，父亲亡故。他心怀孝念，时常在父亲的灵碑前敬拜。不仅如此，他对守寡的母亲也是千随百顺。一日，正值隆冬，天降

[①] 《孝经》，儒家十三经之一，以孝道为中心，论述儒家的伦理思想。

薄雪，树叶落尽，满眼萧瑟，孟宗的母亲却在此时病倒了，食不甘味。病中的孟母气若游丝，喃喃道："到了春日，阳光和暖，林子里会冒出鲜嫩的竹笋，要是能吃上一盘竹笋，想必体力也能恢复大半。"孟母无心的一句话，却深深刻在孟宗柔嫩的心里。他希望母亲能遂心如愿，但时值隆冬，任他百般心诚、万般寻觅，也难以找到鲜笋。孟宗情绪低落，心情沉重，默默地离开母亲病榻，漫无目的地在外游荡，不知何去何从。不觉中，他走到一座古庙，庙旁是一片竹林。他径直趴在冰冷的地上，双臂抱住一株身姿婀娜、枝干光洁的竹子，含泪大哭，滚烫的热泪滴落地上。突然，坚硬冰冷的土地开始松动，鲜嫩洁白的竹笋从土里冒了出来。看到此景，孟宗欣喜若狂，砍下竹笋，飞奔回家，把这心心念念的嫩笋烧好，呈给自己生病的母亲。

孟宗的母亲迫不及待地享用儿子准备的鲜笋，没等吃完，体力就已恢复。不久后，身体也得以痊愈。孟宗的至孝之行感天动地，自那以后，那株竹子在阴冷沉寂的冬天也能继续生长，无须等到来年春暖花开、暖阳融融之时。

老莱娱亲

很久很久以前，中国大约处于周朝（约3000年前），有一个老翁，名叫老莱。老莱年逾古稀，但因为年迈的双亲尚健在，他从不说自己已老，也不接受任何老年敬称。他生命中唯一的愿望就是让挚爱的年迈双亲不负耄耋时光，安享幸福喜悦。他每日都为父母准备丰盛美味的菜肴，全心全意地侍奉二老。他还时常穿上五颜六色的衣服，假装返老还童，变回孩童模样，手持儿时玩具，在父母面前手舞足蹈、嬉戏玩闹，以娱双亲。他时常提着桶去井边打水，走进客房时，会假装自己被门槛绊倒，可怜兮兮地大哭起来，就像孩童一样，然后跑到年迈的父母身边，讨其心疼，求其抚慰。老莱所为，都是为了逗年事已高的双亲愉悦开心，让他们暂时忘记自己年岁已高，享受片刻的天伦幸福。

郭巨埋儿

汉朝时，有个人叫郭巨。他和妻子生养了一子，十分可爱。孩子刚刚3岁，母亲年事已高，一家四口，其乐融融、和和美美地生活在一起。不久，厄运来袭，郭巨一人的劳动所得再也无法维持全家的生活开支。年迈的奶奶和幼小的孙子忍饥挨饿，二人每日分食少得可怜的口粮。残酷的饥荒使他们的脸颊慢慢凹陷，身体日益虚弱。

一天，郭巨扛着铁锹，让妻子带上孩子跟他一同外出。走出自家的篱笆栅栏，他停下脚步，对妻子说："唉！这个家实在是太穷了，着实无力养活我的老母，孩子每天还要吃掉母亲的一部分口粮，我实在不忍看着他们在我眼前一点点变得消瘦、虚弱。孩子没了我们还可以再生，但是母亲若是去世了，就不可能再回到我们身边了。不如我们把孩子埋了吧，这样就可以节省粮食，养活母亲了。"

妻子吓得瑟瑟发抖，一句话也说不出来。她丝毫不敢质疑丈夫的意愿和决定，只是紧紧地把孩子抱在怀里，看着丈夫正在为孩子刨坑挖墓。突然，她听到了一声叮当，丈夫的铁锹好像碰到了什么硬的东西。紧接着，郭巨欢呼起来，原来是他挖出了一罐黄金，罐子上刻着："天赐孝子郭巨，官不得取，民不可夺。"

孝子郭巨得到了上天的眷顾，不惜以牺牲孩子的性命换取老母的安康，可谓感天动地。

丁兰刻木

丁兰，汉朝人。年幼时父母双亡，他深感无法回报父母的养育之恩，想方设法对已故父母表达自己的虔诚与孝心。一天，他灵光一现，找来一块香木，将它雕刻成父母的模样，而后便尽心竭力地侍奉木像，好像那就是自己故去的慈父慈母一般，以尽孝道。

但是，丁兰的妻子却对他的一片孝心不以为然，还时常取笑丈夫，不愿对两尊木像毕恭毕敬，小心侍奉。有一天，丁兰离家未归，妻子心生一计，为了取乐，她拿来针刺扎木像之手。就在这时，木像手上被刺之处居然滴下了鲜血！不一会儿，丈夫丁兰返回家中，发现两尊木像的眼中满含泪水。孝顺的丁兰详查事情缘由之后，一纸休书将不孝之妻赶出了家门。

卧冰求鲤

在晋朝，有个男孩名叫王祥。他幼年丧母，

不久，父亲续弦，迎娶朱氏为妻。王祥继母性情不定，脾气暴躁，视王祥为眼中钉、肉中刺，对小王祥挑三拣四，还时常在他的父亲面前百般抱怨王祥，王祥对此深感懊恼和痛心。在朱氏的挑拨下，王祥父亲渐渐对儿子失去了信任。有一天，天色阴沉，街道、屋顶覆满了皑皑白雪。屋檐上挂着条条冰柱，连池塘、湖泊和河流也都封上了厚厚的冰层。王祥的继母躺在硬背椅中，宽大的袖子里藏着手炉取暖。沉闷的冬日让她倍感无聊，她怨天怨地，忽然大声说："这会儿若是能吃到刚从湖里打捞上来的新鲜鲤鱼，该有多好啊！"

此时，周遭都是冰天雪地，要上哪里去打捞鲜鱼呢？继母提出这样的要求，简直不可理喻，刁蛮至极。但就在此时，王祥一言不发，走出房门，戴上色彩艳丽的风雪帽，将双手伸进长长的袖筒，跑向河边。

在静谧的月光下，冰封的河面一望无际，冰面上落满了雪花。

王祥迅速脱下自己的衣服，身体裸露在冬日刺骨的寒风之中，然后扑倒在坚实的冰面上，希望用自己小小身体所散发出来的热量将身下的冰层融化。这样的至真至孝怎能不感天动地？孝子王祥身下厚厚的冰层慢慢融化，两条活蹦乱跳的鲤鱼跃出冰面，王祥高兴地抓住鲤鱼，连忙穿好衣裳，向家中跑去。

　　他跪在凶恶的继母面前，磕头行礼，并为她呈上来之不易的鲤鱼。

　　以上这些故事都摘录自一本名为《二十四孝》的小书。每个故事都有一幅木制配画，描绘着这些尽忠尽孝的场面。毫无疑问，在中国，这本小书中的故事被当作历史上的真人真事，在很大程度上影响和塑造了年轻一代的观念与个性。中国有句广为人知的谚语："百善孝为先。"除此以外，再没有任何一种品德会像孝道一样，悉心、恒久地根植于孩子的头脑和观念之中。

第五章　中国男童的娱乐生活

学堂之外，孩子的生活又是如何？他们在穿衣打扮上与其祖父母辈没有区别。他们要把学堂里教的那些枯燥的功课背得滚瓜烂熟，但是他们总会想方设法放松娱乐，毕竟对于孩子来说，嬉笑玩闹肯定是少不了的。虽然中国的男孩不会打板球，不会踢足球，不会玩弹珠，不会打曲棍球，不会玩"猎犬追兔"，也不会划船泛舟，但是他们有自己的游戏方式，并深得其乐。虽然他们看上去比英国的孩子略显老派，也更严肃，但嬉闹起来也是欢蹦乱跳，乐不可言，跟英国孩子一样尽情尽兴。

放风筝是男孩的一大乐事，不光是孩子，他们的父辈、祖辈也乐此不疲。中国的风筝蜚声内外，名扬四海！风筝种类繁多，形状各异，有的形似飞鸟或蝴蝶，鼓动双翅，翩然翻飞，有的做成人形，有的做成动物形状，还有的形似龙和蜈蚣。有时候，风筝的尾巴上还会挂一个小灯笼，点亮灯笼，缓缓上升，就像暮色中的星星，光芒闪烁。有时候，人们会把许多小鸟形状的风筝用短绳绑在一根主线上，风筝翱翔空中时，活脱脱一群飞鸟结伴而飞。

每年农历九月初九是放风筝的好日子。在中国，万事皆有来历或渊源。选定九月初九放风筝，也有说法。据说，很久很久以前，有个人收到警告，在不久后的某一天，将有一场巨大的灾难降临在他和家人身上。灾日来临之前，他们全家决定离开家园，去深山避祸。夜幕降临后，他们才返回家中，发现家中牲口尽数死亡，无一幸免。那天正是九月初九。从那以后，每逢九月初九这个不吉利的日子，大家都不会离家远行，为了消磨时间，就放风筝解闷取乐。

每年正月，人们都能看到大大小小、形状各异的灯笼，这可是春节里一道亮丽的风景。从正月初一到正月十五，大街小巷张灯结彩，喜气洋洋。正月前半个月，大多数商店都会闭店歇业，但是灯笼生意却红红火火。灯笼种类繁多，款式多样，充分体现了中国人的聪明才智。街上熙熙攘攘，人们前拥后挤，卖灯笼的伙计把灯笼挂在竹竿上，插在闭门歇

灯笼与提灯人

业的店铺门口售卖。

灯笼的制作过程相对简单。先用竹子扎成轻巧的架子，再将色彩鲜艳的纸裱糊在竹架上。竹架的形状各不相同，有些圈成圆形，固定在棍子上；有些编成兔子、马、鸟之类的动物形状，给下面装上轮子；还有一些做成虾、蟹或是甲虫的样子；其他的则取形于荷花、山茶花等中国人喜爱的各种花卉；还有一些灯笼是用薄纱或是丝绸制成的，布面上画着神话传说或历史故事。此外，卖价最高的灯笼一般由转轴和金属丝制成，点燃时，里面的空气温度不断上升，带动灯笼旋转起来。灯笼罩外各类造型的头、胳膊、腿都由细小的金属丝连接，会随着灯笼一同转动。于是，一幅幅流动的画面映入眼帘，时而老翁躬身垂钓，时而船夫泛舟水面，时而两个书生拱手对叩，相互拜年。

除此之外，孩子们可以玩一些运动量更大的项目，比如踢毽子。他们大多毽艺高超，技术异常娴熟，毽子在他们厚厚的鞋底或是脚背内侧上下翻飞二三百次，也不失误。

拍球也是深受男孩喜爱的游戏。英国的孩子一定会觉得这个游戏无聊至极，因为只是用手简单地往地上拍打球身，然后计数而已。

打陀螺，就是用鞭子抽打陀螺。陀螺一般是竹制的，竹子中间是一块木头，边上开了一个小孔，好让陀螺在旋转时发出嗡嗡的响声。

还有躲猫猫，这和英国孩子玩的捉迷藏游戏并无二致：一个孩子蒙上双眼，其他孩子都躲开，蒙眼的孩子摸索着去抓寻其他躲开的同伴。

摸瞎是一种追逐游戏。游戏中，所有的孩子都会蒙着眼睛，努力抓住其他同伴。

还有一种游戏和英国的跳房子游戏很像，叫作"打板儿"。孩子们每人手持一块小扁石或者一枚铜钱。游戏中，大家站在一条事先画好的标记线后，用自己手中的板儿击打第一个孩子扔出去的板儿。

舞龙灯是孩子们春季最喜欢的娱乐活动，它有悠久而深厚的历史渊源。据说，龙是能驱恶辟邪的神兽，只要龙在城市的大街小巷穿行而过，任何邪恶和不洁都会被一扫而光。新年伊始，往往多病多灾，舞龙便能祛病禳灾。

龙身由大量的灯笼连接固定而成，上面缝着色彩艳丽的彩纸和布匹。龙的长度一般为30—40英尺。龙身的各个部分由关节相连，可以自由转向，自如活动。龙头形制巨大，龙尾灵活摆动，整条巨龙气势非凡，引人注目。

龙身的每一节都装有长长的撑杆，到了晚上，龙身里的蜡烛会被点亮。舞龙的人高高举起修长的龙灯，穿街走巷，人们紧随其后。巨龙时而摇头，时而摆尾，时而左顾，时而右盼，时而高高抬起面目狰狞的高头，时而张开血盆大口。龙灯所到之处，锣鼓喧天，鞭炮齐鸣，响彻云霄。首次经历如此喧闹场面，外国人几乎都会大吃一惊、目瞪口呆。

无独有偶，另一种活动叫作"狮子戏球"，与舞龙颇为相似。从制作流程上看，舞狮所用的狮子和龙也相差无几。但是舞狮子时不再使用撑杆，而是由两名男性擎着。舞狮人钻进狮子的身体，双腿装饰成狮子四肢。整个过程中，百兽之王——狮子张着血盆大口，舞狮人正好通过张开的狮口看到外面。中国人认为，狮子非常喜欢滚绣球，因此舞狮过程中，通常会有人举着绣球走在前面。拿球的人上蹿下跳，左奔右跑；狮子紧追着绣球，舞东舞西，精神抖擞；街道两旁观看的人群欢声雷动，热闹非凡。

类似《庞奇与朱迪》（*Punch and Judy*）[1]这样的木偶剧表演，也深受中国儿童的喜爱。有人认为，英国的木偶剧最早是从中国传入的。这种观点是否属实，不得而知，但木偶戏表演在中国已经流传了好几百年，一直是人们喜闻乐见的娱乐形式。

---

[1] 英国家喻户晓的传统儿童木偶剧。

木偶戏

在中国，男孩子们也喜欢养宠物，他们所养的宠物跟英国孩子的大致相同，比如兔子、小猫和金鱼。另外，蟋蟀（俗名"蛐蛐"）也很受男孩子的欢迎，有许多上了年纪的人也爱养蟋蟀。时常能看到孩子们效仿大人，抓两只蛐蛐放在一个碗里或者深口的盘子里，用稻草或者小棍儿去挑逗它们，让它们相互攻击。孩子们以铜钱作赌注，选择自己看好的那只蛐蛐。

此外，他们喜欢养鸟，比如金丝雀、云雀，还有一种深受他们喜爱的鸟——画眉。时常能见到有男孩子提着鸟笼，在城墙边或者一些空旷的地方散步。还有一种小动物，也为孩子们带来了无穷乐趣，那便是蝉。初夏时分，花丛中、树林里传来阵阵响亮的蝉鸣，孩子们就再也坐不住了，结伴外出捕蝉。可怜的小家伙被抓来后关在小小的竹笼里，小主人时不时来逗弄它时，它便发出阵阵蝉鸣，叫声与它在野外的叫声一样，吱吱呀呀，不成曲调。刺猬和乌龟有时也会被孩子们当作宠物。乌龟寿命很长，因此，在中国文化中，它与鹤一并，象征着福寿绵长。

孩子们的玩具一般不太耐玩，街上也没有几家玩具商店，但是会有一些流动的小商贩走街串巷、敲锣打鼓，兜售各种各样的小玩意儿。他的敲锣声一响，孩子们就会飞

斗蛐蛐

玩具小贩

快地冲出家门，就好像受到了哈梅林镇的花衣魔笛手（Pied Piper）的召唤①一般。孩子们把那小商贩的玩具筐围得水泄不通，筐子里装满了泥人、纸板画等各种玩具。商贩的担子上还挂一些装着小鸟模型的笼子，小媳妇骑骡子的泥塑，带着小鼓的玩具手推车，轮子转动时还会发出咚咚的鼓声，还有各种妖怪、神仙玩偶。此外，偶尔可以看到稀奇古怪的小人像，满头金发卷，身穿紧身衣，手持文明棍。不言而喻，这分明是为外国小孩准备的玩具。

在中国，多数孩子都喜吃甜食，他们对糖果和蜜饯尤其喜爱。糖果商贩肩上扛着扁担，扁担的两头担着箩筐。一个筐子里装着瓶瓶罐罐之类的容器和售卖糖果所用的工具，另一个则装满了大小不一、形状各异的糖果。这些糖果五颜六色、奇形怪状，煞是诱人，有的糖果里还加了花生碎和核桃仁。糖果小摊儿前，通常摆着一个带指针的转盘，转盘周

---

① 《花衣魔笛手》是欧洲古老的民间传说。德国普鲁士的哈梅林镇曾发生严重的鼠疫，死伤无数，镇上的居民面面相觑、无计可施。镇里来了一位身着花色长袍的魔笛手，自称法力高强，能铲除镇子上的老鼠。镇子上的人答应以丰厚的财富作为他驱鼠的报酬。魔笛手如约吹起魔笛，镇子上的老鼠都随着笛声的指引跑去了河里，至此，老鼠被彻底铲除，鼠疫也随之结束。但是镇子上的人却未按照事先约定的那样给魔笛手报酬，于是，那魔笛手又一次吹响笛子，镇上的孩子们都跟着笛声离开，再不见踪影。

围放着一圈麦芽糖。在糖果面前，没有一个孩子能抵挡住诱惑。付一个铜子就可以转转盘，孩子们期待好运降临，多转到几块糖果。

除了甜食，中国的孩子也爱吃坚果。除了核桃、花生以外，他们还喜欢吃荸荠、西瓜子和葵花子，还有砍成小节的甘蔗。这些吃食每每一出街就被孩子们抢买一空。

可见，中国的孩子和英国的孩子一样，享受游戏的嬉戏愉悦，也钟爱糖果的美味甘甜。在英国，一个家庭每年不知要花上多少钱购买糖果，这些糖果也为他们带来了诸多甜蜜与喜乐。

中国孩童和英国孩童也有不同。英国孩子喜欢剧烈的运动项目；而在中国，孩子们则更偏好不太激烈的活动，一个男孩的言行举止越是温文尔雅，就越能得到长辈的认同和赞赏。

中国孩子还善于猜谜。据说，古时候一些神童天赋异禀，长于设谜解谜。许多谜语的谜面无法用英文表达，因为很多都包含汉语的双关语，还有一些谜题包含汉字特殊的书写方式，或者用一些字形相似但意思不同的汉字设谜其中。

这里聊举两例，说明字形相似、意思不同的汉字入谜的情形。

糖果小贩

有个秀才天生爱取笑别人。一天，秀才问和尚："你知道'秃头'的'秃'字怎么写吗？"秃头就是剃了光头，这是和尚最显著的特征。

"这可再容易不过了，"那和尚说道，"我把'秀才'的'秀'尾巴拿掉，再拎起来转几个圈，便是'秃'了。"他的回答让秀才不禁错愕。

还有一种谜题和许多流行的英文谜语十分相像：

"什么字举在头上很费劲，踩在脚下很丰裕？"
谜底是"田"。在"富"中，"田"字做底，在脚下；在"累"中，"田"字居上，在头顶。

其他谜语在英文中也不难理解。再举数例：

谜面：什么火中不生烟，什么水里没有鱼？
谜底：萤火虫火不生烟，井水之水没有鱼。

谜面：什么东西两张嘴，白日休息夜晚走？
谜底：灯笼。

谜面：什么东西夏天嫌多，冬天嫌少？

谜底：太阳。

谜面：天之眼，水之骨，天之镜，为何物？

谜底："天眼"为星，"水骨"为冰，"天镜"为海。

谜面：铁嘴娃娃，行军步伐，张嘴吃布，大步来跨。

谜底：剪刀剪布。

猜谜语在中国的各个阶层都颇为盛行。灯会期间，不管是文人学士，还是普通老百姓，都会三三两两聚在一处，围着灯笼，齐猜灯谜。

猜对谜底还能得到奖励，奖品大小不一，大到几百钱，小到瓜子、糖果。只要猜对谜底，就有人送上奖品。大家聚在一起，热热闹闹、争先恐后地竞相猜谜，也并不全是为了奖品，主要还是猜猜谜语、找找乐子。

第六章　中国女童

如果你问一个中国人家中有几个孩子，他十有八九只会告诉你家里有几个儿子。女孩虽然也是他们的孩子，却不会被计算在内：那些百无一用的丫头片子怎么能和她们那些惹人疼爱、被视若珍宝的哥哥弟弟们相提并论呢？

　　"一个男孩顶十个女孩。"

　　"女孩嘛，只要不闯祸、不惹麻烦就够了，难道你还指望她能派上什么用场？"

　　在中国，这两句话司空见惯，女孩在中国家庭的地位不言而喻。真希望英格兰的姑娘能时常想想这些远在中国的姐妹们，她们在追忆儿时岁月时远没有英国家庭中的女孩那么无忧无虑。她们的未来也甚为艰难，与英国女孩的人生相去甚远。

我们去中国的家庭走走看看，不管是富甲一方的大户人家，还是普普通通的清贫小户，去看看那些家中姑娘的生活，看看为什么她们如此备受轻视。

女儿百无一用，只会为家庭平添额外的负担，这似乎成了一种共识。中国有句老话，这样描述家中的女儿——好笋长出篱笆外。女儿的地位之低下由此可见一斑。女孩或许十分惹人喜爱，但终究是别家之人：等到女孩长大成人，可以回报父母养育之恩的年纪，她就该离开家庭、嫁作人妇了，亲人也难得见上几面。

在中国，女孩在娘家生活的时间不过几年，要么小小年纪便嫁为人妇，要么沦为童养媳，被带到她所许配的小男孩的家中生活，此后，就很少与父母相见了。

因此，当女婴呱呱坠地，第一次睁开双眼打量这个陌生的新世界时，她的父母却难掩失落。但如果生了男孩，父母则会兴高采烈、欢天喜地地迎接新生命的降临。你或许会感到好奇，为什么中国人会这样重男轻女？原因不一而足。可能因为在一个家庭中，生养男孩越多，父母在家中的地位就越重要——儿子长大成人后不仅会与父母同住在一个屋檐下，侍奉双亲，还会娶妻生子，绵延香火。家中男丁越是兴旺，长辈地位就越显赫。

中国人相信，人死之后会进入另一个未知的世界，在那个世界里也需要食物、衣服、钱财等。他们深信，将纸钱、寒衣，还有纸质的房子、家具、仆人都烧掉，就可将其送到阴间，供养死去的亲人。但只有家中的男丁才能完成这一使命。如果家中缺子，只有女儿，就没人能在逝者的灵台前焚香敬拜。在中国，后人会将亡者的牌位供奉在家中，逝者的灵魂会附身在灵牌之上。他们相信人有三魂，第一个灵魂会在人死后与尸体一同被埋入坟墓，第二个灵魂会进入阴间，第三个灵魂则会附身牌位。如果死后没有子嗣为他们烧纸焚香，亡灵将在那黑暗阴冷的世界里食不果腹，衣不蔽体，四处飘荡，无家可归。他们对此深信不疑，所以女孩遭受冷遇、备受歧视，男孩却得到千般珍视、万般宠爱，也就不足为奇了。

女孩出生不久后，有的父亲会找来盲人算命先生，给孩子算命。据说算命先生神通广大，能知今察后，对人的命运走向了如指掌。在中国，经常会看到算命的盲人，手拎小锣，走街串巷。他们边走边敲锣，以引人注意。给女孩算命时，父母会告诉算命先生孩子的生辰八字。一番掐掐算算之后，算命先生如果告诉父母，此女命运多舛，她命犯煞星，一生诸事不顺，百意难遂，父母就会开始合计，把女儿送进尼庵托身为尼，以求解脱，至少不会缺衣少食。入庵之后，尼姑会教女孩编织、刺绣，还时常教她读书、写字。女孩则侍奉年长的尼姑，并帮她做做杂务，打打下手。总体而言，比起生活在家中的那些女孩，入庵的女孩的生活还算差强人意。

如果一个女孩天生有生理缺陷，比如失明或是跛脚，那她生存的希望就微乎其微了。

我认识一个跛脚的女孩，她的家人打定了主意不要她，把她抱到教会，丢弃在门口，试试看那些耶稣教士是否愿意好心收养她。教士抱她进来，给她穿上衣服，让她暖暖和和，和颜悦色，嘘寒问暖，给她饭吃，她的幸福快乐溢于言表！

你可能会问，中国的女孩都长什么样子呢？中国女孩大都冰清玉洁，面容姣好，双眸乌黑透亮。因为生活的地区不同，她们会根据当地的习俗将黑发梳成不同的样式。在大多数地区，女孩会把自己的头发向后梳，编成又粗又长的辫子，用大红色的头绳扎起来，垂在身后。她们还会把自己额前的头发剪短一些，修成刘海，这在英国也十分流行。有时她们会将头发分成左、右两边，编成两股辫子，别上鲜艳的

教会学校的女学生

花朵。寒冬来临的时候，女孩会戴上丝绸发套，上面有精美的刺绣，黑色的流苏从发套上垂下，盖住她的前额和耳朵。

女孩长到13岁左右，便要照着妇女的发型，将头发盘起来。她会将头发扎成髻子，用不同形状的金属发卡固定起来。发卡有的如同蝶翼，有的形似茶壶的把手。有的年轻女孩的发髻很大，满族的姑娘还会把自己的头发在头顶梳成硕大的蝴蝶结状。成婚之前，女孩大多将自己前额的头发理成圆形，让自己的额头保持自然。结婚以后，她就要把前额的头发梳理成方形，使自己看起来天庭饱满，前额宽阔。她还会把发际线处的头发拔掉，显得额头又宽又高。如果家境殷实，那么从很小的时候，女孩子就开始佩戴耳饰、手镯和戒指了。

节日来临时，大多数女孩都会精心打扮一番，身着盛装。她们会给脸上扑上香粉，在脸颊上和下唇下方涂上胭脂。

中国的女孩不太关注风尚时装。的确，不同地方的女性的穿着风格、服装样式都各有不同。她们昂贵的外衣和绣花裙子大都是从祖母那里一辈一辈传下来的。不同年代对服装材质、色彩的喜好会有所不同，裁剪风格和衣袖的宽窄也会稍有变化，但她们的流行风尚绝不会像西方国家那样，年年不同。

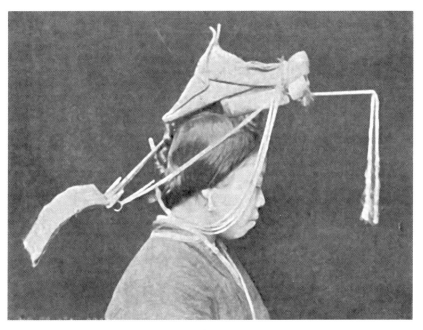

妇女头饰

家庭合影

到了夏天，家境殷实的女性穿的内衬衣物一般由轻柔的夏布①制成，冬天则用棉布制衣。外套的款式大同小异，但材质和色彩却丰富多样。夏天，她们的外衣板型宽松，布料通常选用精致的中国薄绸，颜色多为淡蓝色、淡绿色和浅灰色。裤子与上衣面料质地相同，但颜色有异，时常能见到她们穿着红色的丝绸裤子，搭配绿色的上衣，或是蓝色的丝质外套下套着紫色的丝纱长裤。绚丽的服饰上一般都装饰着金色的穗边，用不同色调的丝绸加以点缀，精致而华丽。宽大的衣袖口还饰有宽宽的缎条，上面绣着宜人的风景或是精美的花鸟。

　　在中国，年轻女孩的服饰中最为重要的当属脚下的鞋子了。宽大的裤脚下，色彩缤纷、精致小巧的绸缎鞋子时隐时现，上面绣着雅致的图案，就连鞋跟也鲜艳亮丽。纤纤小脚被赋予"金莲"这个诗意满满的名字，可谓名副其实了。但当我知道"三寸金莲"的来龙去脉时，顿觉悲凉。这双"金莲"的背后尽是折磨与苦痛。隐藏在那双精巧的小鞋里的，只是一堆断裂的骨头和扭曲的血肉，根本不能称之为脚！

　　女孩们从6岁起，就开始用一条9英尺长的窄布条把脚层

---

① 夏布，中国传统纺织品，以苎麻为原料，经传统工艺纺织而成，面料轻柔，清凉爽身。

层包裹起来，久而久之，就成"三寸金莲"了。

裹脚的风俗根深蒂固，影响力惊人。对于中国的女孩来说，她们宁愿承受这份难以忍受的痛楚，也不愿意被人嘲笑自己与其他女子不同，更不愿意听到邻里的讥讽——看她那双大脚，活像两只船嘛！在我认识的女孩里，有几个孩子的父母受到教会影响，没有给自己的女儿缠足，但小姑娘们却自己偷偷找来布条和绷带，准备给自己裹脚。

三寸，这是中国时尚女鞋的标准长度。也就是在这三寸长的小鞋里，中国女人的步履异常艰难。她们要么扶着孩子的肩膀，要么拄着一根结实的拐杖，蹒跚而行。那些家境富足的太太们，她们的双脚简直毫无一用，虽然身居宽宅大院，但却不能靠自己的双脚往来其间。一般情况下，她们由大脚仆人背着，在院中走走逛逛，来来往往。有的妇人虽然缠过足，但是脚不算很小，偶尔也能艰难地走上几里地。中国曾有诗人这样夸赞女性的小脚——行如弱柳拂风。但实际上，她们的步态就好似我们抬起脚尖，只用脚后跟走路一般，东倒西歪，丝毫谈不上优雅。

这种裹足的习俗与宗教毫无关系，也非国家律法明文规定。事实上，满族的女人从不裹脚，也根本不允许裹脚的人进入宫墙。现在大家也越来越认同博爱的理念，同情弱者小者，怜悯深陷苦难之人。

虽然进展缓慢，但可以肯定的是，我们的工作在慢慢起效。在本地的几个教堂的帮助和促成下，好几个反裹足协会先后成立。参加协会活动的不仅有女孩的家长，有些男孩的父母也参与其中。因为只有他们接受儿子娶个大脚媳妇进门，裹足的陋习才会逐渐消失。

裹足恶习的缘起不得而知，有一种说法认为可以追溯到古时候的一位皇妃身上。她为了掩盖自己畸形的双脚，或是为了让自己的脚更小巧玲珑、漂亮别致，将双脚缠了起来。还有人说，裹脚是为了不让家中的女眷频繁离家外出。

富贵人家的女孩大门不出，二门不迈，在外面很少能见到她们；相比之下，穷人家的女孩生活得更加自由，更加快乐。她们脱离襁褓、刚能提起篮子和耙子的时候，家人就会打发她们外出到城墙边上、荒地上，或是附近的山坡上，为家里抱薪拾柴。她们把捡来的松树枝上的松针刮掉，再拾些干草、枯枝等可以用来生火的东西。

春日来临，万物复苏，荒地上、城墙边的山坡上长满了绿油油的野菜，孩子们采摘一篮一篮的野菜，带回家去，为家庭餐桌增添了一道菜。

在女孩还是个孩子的时候，她就要开始看护弟弟妹妹了。她将一条围巾挎过肩头，把婴儿大的弟弟或妹妹绑在背上。弟弟妹妹的小胳膊搂着姐姐的脖子，双脚在姐姐身体两侧晃来晃去。姐姐跑起来的时候，婴儿的脑袋也随着上下晃动。如果弟弟或妹妹哭闹，姐姐就左右摇晃自己的身体，这样，婴儿就会慢慢地停止啼哭，安静下来。

等到棉花成熟，女孩就成了父母十分得力的助手，帮忙采摘那些雪白的棉球。她们还会养蚕，用采来的桑叶喂养蚕宝宝，直到它们吐出漂亮的蚕丝。这些蚕丝会被织成色彩秀丽的绸缎，这可是中国人引以为傲的纺织品，价格自然十分昂贵。

为了给自家人织布制衣，几乎每位母亲都会教女儿纺线织布。女孩还得学会做饭，比如蒸米饭、蒸红薯，还要会烹煮各类蔬菜和鱼。

很多家境贫寒的女孩，在母亲的教导下，从小就能做些简单的手工活儿，然后卖掉，挣点小钱，贴补家用。

除此之外，女孩子还要学习纳鞋底。她们把旧布边料贴在木板或是竹帘上，一层叠一层，贴到半英寸厚。然后把木板放到阳光下晾晒，晒干之后，把布从板子上揭下来，就可以做鞋底了。同时，她们会被雇去做一些应季的零活，比如每年正月，各家都需要大大小小、形状各异的灯笼，那段时间，灯笼总是供不应求。在正月之前，女孩就去打短工，做灯笼。华中地区的女孩子，身边总是放着绣了一半的枕头。每当看见她们转动线轴，我就会情不自禁地想起英国专织花边的工坊。姑娘们穿针引线、勤勤恳恳的样子，跟英国诗人威廉·柯珀（William Cowper）在白金汉郡的村庄里看到的场景并无二致，他在诗中这样写道：

穿针引线分外忙，

枕头线轴摆店堂。

收入虽薄心欢畅，

纺纱织布日日长。[①]

为赚取微薄的收入，有些女孩会为珠宝店折叠裱糊小礼品盒。还有许多女孩把丝线编成辫子，供大人编进头发里，让辫子看起来又粗又长。

刺绣为许多妇人和女孩提供了工作。很多女孩还小的时候，就跟着母亲学做针线活儿。常年盯着绣框，许多女孩眼睛也因此落下了疾病。除此之外，姑娘们还能在鞋店、花店

[①] 本诗节选自威廉·柯珀《真理》（*Truth*）一诗。

里找活干。她们能干的活儿很多，报酬却少得可怜。

一般情况下，制作普通的绣品，女孩绣上一天最多也只能挣3便士。那些绣工精湛、栩栩如生的绣品，让英国人赞不绝口，爱不释手。即便这样，女孩从早忙到晚，每天的收入最多也就八九便士。

此外，大部分的女孩会选择制作冥币来赚取收入。敬神祭祖都要用到纸扎和冥币，一般的冥币纸张很薄，像平日里用的钱币一样，中间剪个孔。而制作比较精致的纸钱，就像大型交易中经常使用的银锭子一样，这就需要姑娘们灵巧的双手了。厚一些的纸张要被拧成铸锭的形状，然后在表面粘上金箔或是锡纸。最后，将这些纸做的锭子串在一起，一串一般有20多个，有时也会稍多一些。这一串在阴间可是一大笔钱。

至此，我们还没有聊到女童的教育问题。因为除非情况极其特殊，在中国，女孩是不接受教育的。有时候，家世显赫的大户人家会让自家的女孩跟着她的哥哥一起学习一段时间。再比如，我在前文中提到过的，那些在尼姑庵里长大的孩子，会有人教她读书识字。

在中国的许多故事中，有些女性不仅能读会写，而且能吟诗作赋，韵脚、句式都严丝合缝，这是中国的文人、学者都十分推崇的本领。但是，这样才华横溢的年轻女子大多出现在故事当中，现实生活中凤毛麟角。其实不是因为中国的女子缺少智慧和头脑，而是她们深信，自己不应与未来的夫君一样聪慧峥嵘。除此之外，大家还担心，女孩子如果学会了读书识字，很容易被书中不洁的内容影响心性，步入歧途。诚如书中写道："女子心浮意难定，常游曲直是非间。"古今各代的女性中，尤其是出身于显赫家族的女性，偶尔会有才女横空出世，光芒四射，都在中国文学史上留下了浓墨重彩的一笔。

班昭就是此等才女，她生活在公元1世纪，坚持女子也应当接受教育。同时期还有另一位出身高贵的女性，为了将自己的侄女送入皇宫，谋求仕途，呕心沥血为她整理典籍，寻章摘句，勘校注解，被传为美谈佳话。

中国也有一些专为女孩编写的书卷，内容都如出一辙。书名中大都包括诸如"女鉴""女诫""女训"之类的字眼。书中训诫女孩要操持家务，穿着得体，有礼有数，尊老敬长，还不厌其烦地教导她们孝顺公婆、尽心侍夫。女书中教导女子恪守"三从四德"，约束自己。"三从"强调温顺与遵从，指未嫁从父、出嫁从夫、夫死从子；而"四德"则主要与举止规范相关，指妇德、妇言、妇容、妇功。也就是说，女子态度要温顺谦和，言谈要谨慎得体，举止应庄重持礼，还应专注持家之道。古人云"妇功，丝麻也"，指的便是纺织与刺绣。

在西方，这些书中所提及的女行女品同样会得到认可。女孩应当真诚、无私，并且富有爱心，也就是说，"清闲贞静，守节整齐，行己有耻，动静有法"①。书中教导女孩勿好闲杂之事，莫探旁人琐闻，同时规劝女孩要以包容、善良之心对待他人。一本规劝和告诫女性的书中讲道："不厉人适己，不以欲戕物。以是而内助焉，积而不已，福禄萃焉。"②

书中讲述了一位颇有教养的母亲潜心培养孩子的故事。母亲常给自己的两个儿子讲述爱国志士和清官廉吏的故事，两个儿子后来都成了官员，精明强干、清正廉洁、两袖清风、匡扶正义，有口皆碑。其母虽已故去，大家却时常夸赞："都是其母教导有方啊！"

教导女性的这些书对女孩在穿戴服饰、梳妆打扮时心里

---

① 出自东汉时期班昭所著的《女诫》。《女诫》原为班昭教导班家女性做人道理的私书，后成为"女四书"（《女诫》《女论语》《内训》《女范捷录》）之一。
② 出自明成祖仁孝文皇后（徐皇后）所著的《内训》，"女四书"之一。

应该想些什么都有着明确细致的规定。比如在涂脂抹粉之时，心中要保持洁净；在梳理发丝之时，也要悉心整理思绪；在给头发上油之时，应当让自己的内心保持和让温良。在中国，大户人家的女孩大多学过烹饪，她们被规劝要像贤德的皇后为皇帝悉心准备菜肴那样，为自己的丈夫和孩子精心做饭烧菜。古时候，有位名门望族的夫人，她常常黎明时分就亲自下厨房为仆人们熬粥，让他们先喝完粥，再开始干活。

除此之外，女孩还要学习待客之道，哪怕是互不相识的人，也要好生招待。因为榜样的垂范往往比直言训诫更为有效，所以女书中以古时候一位热情好客的女性作为典范，用来教导女孩。有位女子家境贫寒，食不果腹，为了给到访的客人烧菜做饭，竟卖掉了自己的头发，还将家中枕头里的稻草全部倒出来，只为喂饱客人的马匹。[1]

可惜即便是这些书，也只有少数的女孩能够读到。如前所述，女孩很少识字读书，除了传教士建立的教会女子学校之外，几乎没有其他的女校了。

在富贵人家，女孩长到八九岁以后，就长居深闺，不出

---

[1] 指"四大贤母"之一陶侃的母亲湛氏截发延宾的故事。

妇女肖像

院门了。因为大家认为，女孩在外面抛头露面不合礼法。

大户人家的院子里大多有漂亮的花园，园中小径蜿蜒，穿行假山奇石。小拱桥下，或溪水潺潺，或湖水涟漪。尽管美景如斯，但终日深居于此，日日面对此景，也不免单调乏味。

有的女孩会学着弹音奏乐，唱些曲子或是古典选段。女孩在女红刺绣上费时颇多，刺绣图案里那些娇艳的花、灵动的鸟、栩栩如生的人物，都有纸样可供参考，这些纸样在绣花店中都买得到。还有一些女孩新意迭出，悉心琢磨，绣出各式各样的新奇图案。我曾亲眼见到她们直接在昂贵的丝绸和锦缎上，单凭一双巧手就绣出了精美绝伦的图案。构图之巧妙，绣工之精美，远胜于绣花店售卖的普通绣品。

在中国，女孩在很小的年纪就要定亲婚配。有的孩子还在襁褓之中，就已经许配人家了。通常情况下，如果有跟自己家世、地位相仿的朋友生了儿子，女孩的父母就会找来那家商议，等两个孩子长大一些，就把女儿嫁给他的儿子。他们还会聘个媒人，为两个孩子占星算命。随后几天里，两家都要观察、考虑、等待。其间，如果男女双方家里出事，比如不小心打碎杯盏碗碟，或是丢失物什，那些看似不值一提的事，都会被当作不祥之兆，亲事也就此告吹。如果两家都一切安好，双方父母便会认定这门婚事，两家交换礼物，其中一定会有一对龙凤牌。一块饰有一条镀金的龙，写着男孩的名姓八字；另一块上则是一只凤凰，上书女孩的名姓八字。两块牌子上都穿着红丝线，丝线的两头穿着针，交换之后，由双方父母保存，象征亲事已定。说起这根红线来，中国人相信，千里姻缘一线牵，两个注定此生相伴的人，冥冥之中会有一根看不见的红线将他们连在一起。

在婚姻大事上，类似这样的父母之间定下的婚约一旦达成，婚事也就完全敲定，然而婚配的男女双方可能对彼此一无所知。自订婚之日起，两家往往没有什么过多的交流，也正因如此，婚礼当天，时常会悲从天降，令人错愕。家庭的变故时有发生，当年女方父母以为将女儿许配给了一个家境殷实的婆家，成婚之日却发现男方家中早已一贫如洗、家徒四壁。又或者是在订婚之后，新郎遭遇意外，成了一个需要整日照料的残疾人。就我曾听到过的，有的在结婚之时才发现新娘得了严重的麻风病，或是新郎罹患不治之症。

大婚当天，会有一顶精心装饰的华丽的大红花轿，将新娘迎娶进门。迎亲陪客中不见新娘的亲朋好友，只有两位年长的嬷嬷随行，她们的角色相当于英国的伴娘。其中一位是这桩亲事的牵线媒人，另一位则是主持婚礼的司仪婆子。按照习俗，新娘所有的亲人都不能一同前去，只能待在家里，

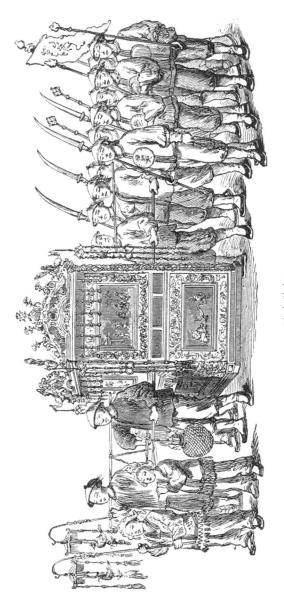

迎亲队伍

为女孩的离去悲伤哭泣。掀开轿门之时，不会有飘逸雪白的婚纱，因为白色是中国丧服的颜色，在婚礼上绝不可以使用。年轻的新娘穿着色彩艳丽的衣服，外面套着一件大红色的长袍，头发上装饰着镀金的发饰，盖着一块红盖头，遮住她的面庞。

婚礼的早宴上，新郎和新娘单独坐在一旁，新娘只是盖着盖头，静静坐着，并不参与宴席。婚礼举行过程中，这对新人要和每人喝两杯酒，两人的酒杯要用丝线系在一起。宴席上，司仪婆子会献唱一曲应景之歌，祈愿这对年轻的新婚夫妇甜蜜幸福、白头偕老。

吃完早饭后，新郎领着新娘走进布置一新的婚房，房内堆放着许多大红色的箱子，里面装着新娘的衣服和嫁妆。此时，年轻的丈夫终于可以掀开盖头，一睹妻子芳容。之后，新郎新娘要同去祖先的牌位前祭拜，并叩拜家中的长辈。随后，盛大的婚宴会将大喜之日的气氛推向高潮。礼毕之后，参加婚礼的所有喜客，无论男女，都会去一睹新娘的面容，并对她的样貌上下评点一番。这对于每个新娘而言，都是巨大的考验和精神的折磨。我参加过很多场婚礼，常常看到那些和孩子一般年纪的新娘，畏畏缩缩地站在那里，浑身颤抖，垂丧着脸——事先会有人教她，无论别人怎样评论，赞

新婚夫妇

赏同情也好，诋毁诽谤也罢，她都要神情自若，泰然处之。

完婚之后，要等4个月，新娘才能回娘家探望双亲。回家探亲总是悲伤的，因为只有这时，面对自己的亲人，小媳妇才能痛述自己的悲惨遭遇，讲讲她那残酷无情的婆婆如何虐待自己。

当然，并非所有的婚姻都这般不幸。幸福的婚姻总需要一些机缘。总而言之，在中国，女性的生活比男性更加无趣，也更加艰难。

在中国，要是童养媳或小媳妇死了丈夫，如果她想尽办法与自己已故的丈夫同赴阴曹地府，就会因此大受赞许。中国城墙之外和城内街巷，都伫立着一座座牌坊，纪念孝顺的子女，和那些因自己的未婚夫或是丈夫离世而自杀的童养媳或小媳妇。节妇殉葬的事迹一般会呈报皇上，当朝皇帝会亲自下旨为她建造贞节牌坊。曾有一位驻英大使的女眷在死后获此殊荣，此事还刊登在了《京报》（Peking Gazette）和中国的官方报纸之上。

许多故事中都交口赞颂古代女英雄的美德操守。虽然有的故事着重体现烈女之勇，但所有故事的主线都围绕孝义展开，赞扬那些为了父辈心愿、不惜一切代价的忠义之举。我来简单讲讲其中的一个故事，诸多美德尽显其中，值得女子效仿。

大约在1400年前，有位著名的将军，姓花。他有一个独生女，名叫木兰。年幼的小木兰对纺纱、织布、刺绣样样精通。除此之外，她还会拉弓射箭，颇善骑射。花将军骁勇善战，战功赫赫，声名威震八方，那些觊觎国家领土的外族部落，慑于他的赫赫威名，从不敢轻举妄动。然而花将军年事已高，他向皇帝请愿，恳求皇帝准许他解甲归田，告老还乡。但是，将士们不忍失去这么一位骁勇善战的英明将领，无论他年事几多，身体如何，天子下旨，坚持让年老体衰的花将军继续统帅三军。皇帝的圣旨送到了花将军的病榻之前。此时，木兰身居闺房，坐在纺车前，圣旨字字铿锵，传入其耳。木兰暗自思忖，自己没有同胞兄弟可以代父亲出征，她必须站出来，为父亲分忧解难。木兰尚小，且为女儿之身，但她决心像儿郎一样子承父责。说干就干，木兰急忙脚蹬父亲的战靴，头戴父亲的缨盔，手持父亲的兵器，跨上父亲坐骑，疾驰而去。整装穿戴，将士们看见花老将军的战袍和兵器，以为他派来了一名年轻的将领带他们征战，便鼓足士气，随其冲锋陷阵，最终大获全胜。此后的10多年，木兰统率军队，一次次克敌制胜，敌军节节败退。终于，他们大获全胜，全军上下欣喜万分，国家又恢复了往日的和平。此时，木兰回到家中却发

乐班奏乐

现，自己万分崇敬的父亲竟已离开人世。后来，当朝皇帝听闻，这个无所不能、骁勇善战的将领竟是女儿之身，便派人召她入宫，将她许配给国之重臣。木兰去世之后，皇帝还下令为她建造了一座雄伟壮丽的纪念碑，以纪念她的至孝之心和爱国之情。

第七章　中国的节庆

啪！咚！咚！砰！砰！四面突然响起了奇怪的响声，听着就像一排炮火在爆裂轰响。那是来到中国的第二天，午夜时分，我被嘈杂的巨响吵醒。出什么事了？难道敌人来犯，大汉口的民众要倾巢而出，驻守堡垒，去抵御来敌吗？

没过多久，才发现没出什么大事，那震耳欲聋的声响不过是街坊邻里燃放的烟花爆竹。搞出这番动静，是为了吓走那些趁着新年一大早肆意游荡的凶灵恶鬼。

大年初一，这可是中国每年最盛大的节日——春节。从前几天起，大家就已经忙忙碌碌地准备过年了。每家每户都要清扫房屋，买来对联贴在家门，除恶辟邪，还有新的桃符，保佑新的一年家中平安顺遂。人人都会置办新装，有的还是从当铺赎回来的。每个人脸上都笑意盈盈、喜气洋洋，迎接盛大的节庆和新年的到来。

中国农历月份以正月开始，农历新年的起始与公历不同，并不是在每年公历的1月1日，而通常是在元月的月末，有时候还会在2月的第二或第三周。

每逢除夕之夜，很少有人早早入睡。当天夜里，大家要守岁，静候新年黎明的钟声，认为这样能延年益寿。正如前文所言，除夕夜，家中的孩子通常也要守夜过年，迎接新年的第一缕阳光。有些地方，还会在祖先牌位前的空地上点燃几捆松木枝。孩子们兴高采烈地燃放鞭炮，给火堆上撒盐，乐此不疲。火中撒上盐会发出噼里啪啦的爆裂声，这可是个好兆头。

中国的孩子无人知晓圣诞老人。在除夕夜里，家中长辈会用红色的线将铜钱串起来，发给孩子和家中的仆人。新年伊始，钱包里空空荡荡难免有些不大吉利。

旧年的最后一天，商贾们往往最为忙碌，因为每个人都要去清还在过去一年中欠下的债务，就算没有能力全部付清，也要在新年到来之前还其大半。新年来临，一切都安宁祥和，其乐融融。如果有人欠债未还，债主也要等上几个月才能上门催债。

过年期间，所有的店铺都关门歇业，所以每家每户都会提前采买，备上足够的食物。按照惯例，大部分商铺要歇业半月之久。近年来，店铺营业开门的时间越来越早，抱旧守俗者不免常常哀叹世风日下。因此，到了大年初四、初五，街上就能买到日常用品。不过，年后店铺歇业的时间越长，在街坊邻里眼中就越是体面。

除夕夜刚过，新年伊始，大家要第一时间到祖先的牌位和家中的神龛前叩头敬拜。随后，一家老小全部走出大门，家中的仆人提着灯笼、举着火把一路照明，然后全家人向着皇历所指示的喜神方向下跪叩首。通常认为，这么做是在表示他们对上天的崇敬。但按照皇历上的说法，这一举动是为了纳入福气，承接祥瑞，因为风水先生早已勘定，喜神会自那个方向从天而降。

在中国人眼中，这是一年中最为重要的时刻，他们小心谨慎、战战兢兢，生怕新年伊始就碰到不吉之人。据说，要是碰到光头，会招来厄运。这与苏格兰人讲究的"新年第一脚"①一样。对他们而言，新年里听到的第一句话也事关重大。如果

---

① 英国人迎接新年的一种习俗。新的一年迈进屋里的第一只脚，预示着新年的运气。第一个人若为深发色的男人或是幸福富有的人，就预示着好运不断；若为浅发色的女人或是哀伤之人，则会灾祸连连。

乡村街景

听到火灾、沉船、罢官、破产、恶鬼、毒蛇、疾病、离别或者死亡，那这恶言多半会一语成谶。不但这些字眼会给人带来厄运，就连那些发音相似但意思毫不相干的词，也会招致霉运。相反，如果新年里首先听到的词语与繁荣、愉悦相关，人们就会满心欢喜，相信新的一年里一定会顺风顺水、万事吉利。

大年初一清早，漫步大街，满地都是燃放爆竹余下的红色纸屑。据说爆竹能驱邪逐恶，发明爆竹就是为了模仿竹子燃烧时发出的噼啪声。乞丐最喜欢在这个时段涌上街头，因为年头乞讨收获最为丰厚。大年初一，没人会拒绝给乞丐施舍一点小钱儿。他们生怕会在新年第一天的大清早就听到冷言恶语，哪怕是从乞丐口中说出来的也不吉祥。在这盛大的节日里，许多有钱人家慷慨解囊，大量分发米票，也常有人不留姓名地拿出钱财，接济穷苦人家。

此外，大年初一清晨，多数人家会在自家的大门上贴着崭新的门神，色彩艳丽的门神像是两位古代的将军。[1]据说

---

[1] 门神，民间敬奉的诸神之一，家庭守护神。民间绘其像贴于门，以辟邪驱鬼。门神其人，众说不一，有钟馗、神荼、郁垒，有秦琼、尉迟恭，还有温、岳二元帅。总之，均为英武忠烈之士。不同朝代的门神形象各异。文中所指的应为清朝时期盛行的武将门神秦琼与尉迟敬德。秦琼（？—638），字叔宝；尉迟敬德（585—658），名融（后误载为"恭"），字敬德，以字行。

古时候，有位皇帝做了一个梦，梦中听闻有恶灵想要进入他的宫殿。为了阻挡恶鬼邪灵侵扰圣驾，皇上下旨，让最英勇的两个将士站在门口，守宫护驾。恶鬼邪灵看到两位将军威风凛凛，气势赫赫，不敢入侵，仓皇而逃。两位将军去世之后，有人说贴上他们的画像便可驱鬼除恶。于是，家家户户一年到头门上都贴着门神像。

大门的上面一般还挂着一束柏树枝，几张纸做的铜钱，几块金银纸锭，会装饰上一些用红纸精心裁剪的边穗，中间挂上"福"字。房间里贴着红色的对联，对联上面写着一些祝福吉祥、象征好运的诗句。

大年初一早上，遇见亲朋好友，人们便会从自己宽松的衣袖里伸出手来，双手合十作揖，在胸前上下晃动，一边鞠躬，一边重复着"拜年拜年，恭喜恭喜"，就像我们常说的"新年快乐"。

大多数人不会在大年初一去亲戚家里拜年，因为不少人前一夜会守岁，或是参加其他各种仪式，第二天会感到疲惫，希望能安安静静地休息一天，所以一般从大年初二、初三开始登门拜年，恭贺新春。过年期间，还能听到具有中国特色的音乐——锣钹喧天，竹笛悠扬。人人都穿着自己最体面的衣服，走出家门。孩子们穿得五颜六色，衣领和鞋帽上都装点着色彩缤纷的刺绣图案。因为天气寒冷，孩子们都穿着厚厚的棉衣。小一点的孩子圆嘟嘟的，活像个小圆球；大一点的孩子呢，看上去就像一个棉芯枕头。我时常会想，他们过年穿的锦衣绣袄这一整年里都藏在哪儿了？过年期间，时常会有人突然登门拜年，衣着体面，举止得体，似乎身居高位，但不久得知，来客其实只是去年府上雇过的厨子或工匠，这令我们这些西方人颇感意外。

既然过年，就离不了吃席、拜客、赌钱和看戏。而且几乎每晚都要燃放烟花爆竹，噼里啪啦，经久不息。到了大年初四，各家各户开始准备迎接灶神①回家。据说，从腊月二十四日起，灶神就离开人间，去一个凡人看不见的地方欢度新年。他向天庭汇报这家人过去一年的品行优劣，德行事迹。社神出发的当天晚上，各家都会烧一匹纸马，还有许多其他物品，供灶神途中使用。过年期间，各种风俗习惯中都掺杂着对各路神仙的敬拜。

这段时间，还会有人把神像请出来，用轿子抬到街上。

---

① 灶神，民间信奉的神祇之一，又称灶君、灶王、灶王爷、老灶爷，由火神演变而成。他被认为是天帝派往人间的监护神，能直接向天帝汇报人间的善恶行为。每年腊月二十三（南方某些地区为腊月二十四），民间会祀灶，即送灶神。

他们相信，神轿所过之处，沿途住户整年都能免病免灾、诸事顺意。

每年的正月十五，家家户户开始庆祝元宵灯节。长长的竿子上挂着各式各样的灯笼，映得整座城市灯火通明，美轮美奂，恍如仙境。哪怕是再穷苦的人家，也会在自家的屋顶挂上灯笼。灯笼里的火光不会一直亮着，过一会儿，灯笼就一盏一盏熄灭，但屋内的欢声笑语和屋外的烟花爆竹会一直持续到深夜。元宵当晚，街上的女性比平日里会多出很多，因为在这一天，当地的风俗是允许她们走出家门，看看张灯结彩的街道，观赏绚烂夺目的烟火。

关于新年我已经讲了很多，先讲了春节，因为这是中国最重要的节日。其实还有另一个节日，根据时间推算的话，一般应该在春节之前，那便是立春。根据中国的历法，立春通常在每年腊月。当天，为了迎接春天的到来，街上会有游行队伍，其一大特色便是抬上一头纸糊的水牛——家中最为常见的家畜。①纸牛与真牛大小相当，里面用竹板扎成牛

---

① 打春牛，民间立春时节的迎春仪式上举行的民俗活动，又称"鞭春牛"。历代皇帝在当天率王公大臣在御田内扶犁鞭牛，以做榜样。部分地区在鞭打春牛结束，抬春牛沿田垄前行一段后，将春牛置于地面，拿镐头向正南方即农祥星方位奋力刨土，以示该年农事活动开始，随后将春牛焚化，人们结队回村。

的形状，上面裱糊着五颜六色的纸张。他们说，这些纸要么让盲人纯凭感觉随意贴上，要么按照算命先生的指点糊上。据说糊在水牛上的纸可以预报当年的天气，还能预测收成好坏。如果水牛身上多糊白纸，就预示当年风狂雨横、洪水肆虐；如果多糊红色纸张，当年夏天就异常炎热，火灾频发；若是多糊黄色纸张，则预示着当年风调雨顺、五谷丰登。

迎春的仪式一般在东城门外举行，因为大家都认为春天是打东边来的。人们在水牛、土地爷和五谷神的塑像前摆上祭坛；然后，知府、知县带着其他各级官员，身着华服，在此敬拜。当晚，那头纸质的水牛会被打成碎片，人们争先恐后地抢碎片，如果有幸捡到，就预示着自家的水牛当年定会体强力壮。

下一个节日到来时，已是春暖花开，各处田地里都飘着蚕豆的花香，竹叶冒尖，柳枝发芽，分外可爱。节日期间，学堂的孩子也会放几天假。清明节是扫墓祭祖的日子。清明节时，每个人都会去祖先的墓地，在坟前焚香，烧纸钱，并献上祭品。在中国，墓地一般都在城外。放眼望去，坟头连着坟头。大多坟头都没有墓碑，只用石头或是树木作为标记，仅有极少的墓地竖着一块小小的石碑，上面刻着亡者的姓名及其去世的日期。家境殷实的人家，一般会根据风水先生的指点，将墓地选在傍山之处。此处，我们只谈谈那些普通百姓的坟墓。萋萋青草下，一片一片的坟地向远处延伸而去，密密麻麻，茫无涯际，恍惚间给人一种错觉，似乎亡者的住处比生者的寓所还要拥挤。

清明节，也称祭祖日。按照皇历，清明节的时间是固定的，但是各家会根据自己的情况提前几天或者推迟几天去扫墓。祭祖之前，人们会先清理坟地边上的杂草，拔掉坟头的野枝，坟地前面那块儿也会收拾停当、干干净净。无论男女老少，所有家庭成员都要扫墓、祭祖。人们从家中带来各种小盆，里面装着各式各样的祭食，鸡鸭鱼肉、甜品糕点，样样俱全。除此之外，墓前还依次摆放着几杯酒。将香和蜡烛点燃之后，家里的所有男丁满心虔诚，按照年龄大小，一个接一个地鞠躬、磕头。跪拜之后，为了让逝者在阴间钱财无忧，人们会焚烧大堆纸钱，再放几串鞭炮。然后，还要给当地的土地爷等地方神仙供奉供品。此外，在离坟地稍远的地方，也要放上一些食物，供游荡在四周的阴间乞丐食用。人们觉得，阴曹地府的讨饭乞丐跟人间一样，不计其数。在为自家故去的亲人献上供餐的时候，人们也不忘给阴间的乞丐施舍些饭菜，省得他们在阴间打扰自家祖先，这样，家中故去的亲人就可以在阴间静静地享用子孙祭奉的菜肴。如此一来，自家祖先和游荡乞丐各得其所，皆大欢喜。

清明前后的一个傍晚，晴空万里，我站在一片坟地旁，目睹了一户人家上坟祭祖的全部过程。大人忙前忙后，上坟祭祖，有个小男孩在一旁静静注视。没过多久，大人把他喊到前面，教他双手合十相扣，行礼叩拜。祭祖的仪式结束之后，我上前与他们攀谈，看着身边的这个小家伙，他似乎很喜欢烧纸钱和放鞭炮，便问道："怎么这么小的孩子也要上坟祭祖呢？"他的父亲行峻言厉却也彬彬有礼："这么小就把他带来，是为了让他从小就懂得自己的责任。等他长大成人，也要懂得敬先祭祖。待我们故去之后，他也要这般敬事祖先，扫墓祭祖，提供我们阴间一切所需。"

祭拜结束之后，人们会带回去些细小的树枝，要么是冷杉的枝条，要么是杜鹃花束。带回家的枝条要插进花瓶，摆在家中先祖的牌位前。对于住在城里的穷苦人家来说，清明扫墓机会难得，一年当中也只有扫墓时才可去乡间度日一天。

清明节前后，家家户户的门上都挂着一根柳条。人们认为，柳树枝能为亡灵指引回家的路，好让他们前来享用供奉在墓前和家中牌位前的各类供品。清明节期间，不单单是自己亲人的亡灵会回到人间，就连那些邪灵与恶鬼也会一股脑地被释放出来，在门口挂上柳枝，一则可以引导自家亲人的亡灵，二则可以驱赶邪灵恶鬼。

在中国孩童的心目中，仅次于过年的重要节日要数端午节了。有人将端午节戏称为"儿童节"。赛龙舟是端午节最大的特色，在人口众多的城镇里，龙舟有20多只。龙舟船身狭长，能载10—30人。船身、船尾都刷上了鲜艳的漆彩，船头被做成了龙首的形状，龙口大张。船中间放着一面大鼓，进行龙舟比赛的时候，锣鼓震天。船头龙首处坐着一个男孩，手持令旗，来回舞动，指挥着众人划桨的节奏和龙舟前进的方向。

赛龙舟时，人们聚集在河岸两边观看。赢得比赛者另有奖赏，正因为如此，参赛者个个摩拳擦掌，气势强盛，一心想赢得比赛。其间，各方互不相让，龙舟相撞的事故时有发生，比赛也常以争吵和打斗草草收场。

端午节起源于公元前500年前①。那时，有位大臣，忠诚睿智，老成持重，名叫屈原。他所尽忠的楚王性格暴烈，忠佞不辨。屈原向他谏言，建议对政务进行一些改革，楚王听

---

① 端午节的由来和传说很多，流传较广的有纪念伍子胥说和纪念屈原说。此处公元前500年前，英文原书似有误。因为下文接着讲的是端午节起源于纪念屈原（约前340—前278），而公元前1500年约为伍子胥（？—前484）生活的年代，而非屈原所在的年代。

龙舟

信奸佞谗言，非但没有从谏革政，还将屈原贬官革职。屈原不堪受辱，投江自尽。这一幕被当地的渔民看到，渔民赶忙撑着船，到处寻找他的尸体，但却未见其踪迹。自那以后，每年屈原的忌日，人们就泛舟江上，向水中抛撒祭品，重演当年众人划船寻尸的场面。

据说，一日，屈原现身，向前来祭奠他的人抱怨，大家为他准备的祭品都被江中一只巨龟吃掉了。从那天起，人们就在端午节那天划龙舟，以驱赶江中巨龟。

在中国，每年的农历八月都要过中秋节，中秋节也称"赏月节"。

英国的孩子常会对着月亮指认人形，我从未听过中国的孩子以此娱乐，但他们总说月亮上有只玉兔在舂米捣药。

过中秋节，人人都要吃月饼。月饼种类繁多，大多是如满月一般的圆形，上面有各式各样新奇的图案，比如有鱼和一些其他动物，自然还有那只神秘的月中玉兔。有的月饼上缀着色彩鲜艳的小点，有的上面还饰着金箔。

对月亮的崇拜年深岁久，这在诸多民族的历史中都有迹可循。先知耶利米（Jeremiah）就曾提到过在他所在的时代，有人崇拜月神天后①，为她焚香，并供奉香饼。

中国人认为，中秋节也有其历史渊源。故事是这样的：有天夜里，唐明皇在他的宫殿里散步，同行的还有几位道士和法师。他们忽而聊到："不知月亮之上是否有人烟？"闻此，随行的法师便问皇帝是否愿意去月亮上一探究竟。皇帝自是应允。法师将手中的拂尘②抛向空中，那法器顿时化作一座仙桥，他们沿桥而上，走向了皎洁的月亮，不觉步入琼楼玉宇。那月宫石雕玉琢，精美华丽，四周花团锦簇，满园春色。宫殿之中还居住着容颜倾国的仙女，冰肌玉骨，甚是动人。皇帝陶醉其中，万分留恋，一时不愿离去，最终在法师的催促下仓促离开。在返回人间的途中，法师想起皇帝有一支心爱的玉笛，总是随身带着，便让他吹奏一曲。那时，他们正好途经南京城附近，城里的百姓听到笛声，断定那是来自天宫的仙乐，急忙爬上屋顶。随行的人提议皇帝将自己身上的银两和铜钱都施予百姓，于是天降钱财，纷纷落下。

回到皇宫之后，皇帝觉得那趟美妙绝伦的月宫之行不过

---

① 天后（Queen of Heaven），古巴比伦人曾将月亮女神视为天后，认为她象征着女性的生产力。
② 拂尘，也称尘尾，原用于拂去灰尘或驱赶蚊蝇，而后成为佛教的法器，象征拂去烦忧。

是自己的一场梦，但随后他收到了地方总督上呈的折子，文中提及：当地百姓在八月十五那日，不仅听到了袅袅仙乐，还喜得天降钱财。

此时，皇帝才确信，自己的月宫之旅确有其事，于是下旨颁诏，将八月十五定为赏月节——普天同庆，敬月赏月。

第八章　中国人的崇拜与信仰

你可能会问："中国的孩子是怎么学会信仙敬神的呢？"

要想知道答案，那就来吧，和我一起去看看那座阴郁肃穆的大寺庙。

中国人一般在农历每月的初一或是十五去烧香拜佛，不需要专门在礼拜天前往，因为中国没有固定的休息日。

沿着又长又宽的石阶逐级而上，就到了寺庙门前。刚进大门，两尊高大的塑像映入眼帘，塑像面容狰狞恐怖，衣冠色彩鲜亮，中国人称其为"护法门神"。

走入寺庙，顿时觉得单调阴沉。在昏暗的光线之下，我们来到了一尊大菩萨的塑像面前，菩萨端坐神龛，整座寺庙即是菩萨道场。菩萨的周围还有一众小神的塑像，他们是侍奉菩萨的。神像前焚着硕大的圆形盘香，香烟缭绕。

寺庙里，常年可见一排排僧侣席地而坐，反复念诵经文，而经文是用另一种语言写成的。在那儿，不时地还能看到母亲带着孩子前来进香拜佛。她教孩子双手合十，鞠躬叩头，敬拜神像。那些首次进寺礼佛的孩子，难免感到恐惧害怕，有的孩子会说："我不想拜，也不会做拜。"这时，母亲便会再一次给孩子示范，让孩子在旁仔细观察模仿。敬拜之后，母亲会给孩子一些小礼物，并告诉孩子是菩萨送给他的。如若孩子仍因为惧怕不愿参拜的话，大人就会讲故事吓唬孩子，告诉他如果不求菩萨保佑，将会遭遇不幸，下场十分悲惨。

在中国，寺庙当中供奉的神仙大都是千百年前曾生活在印度或者中国的真实人物，他们在去世之后被世人神化，受万众敬拜。在英国也有类似的场景，人们会在阿尔弗雷德大帝[①]、莎士比亚[②]、纳尔逊勋爵[③]或者

[①] 阿尔弗雷德大帝（Alfred the Great，849—899），威塞克斯王国国王，率众抗击维京人的侵略，使英格兰大部分地区回归盎格鲁-撒克逊的统治，被后人尊称为"英国国父"。

[②] 威廉·莎士比亚（William Shakespeare，1564—1616），英国伟大的文学家、戏剧家。

[③] 霍雷肖·纳尔逊（Horatio Nelson，1758—1805），英国著名军事家及海军将领。

惠灵顿公爵①的画像前驻足鞠躬。

有时候，如果孩子在去寺庙拜佛归来后身患疾病或是发生意外，父母就会即刻断言，一定是孩子冲撞了神灵。于是，他们会想方设法进行弥补，祈求大神大量，原谅孩子。

一天夜里，我们从武昌城回家的路上经过一座供奉着土地爷的寺庙，庙里灯火通明。深夜在寺庙里烧香拜佛并不常见，于是我们默默站立一旁，看着里面发生的一切。有两个人满心虔诚地焚香烧纸，愁容满面，悲不自胜。在他们敬拜完毕且准备离开时，我们走上前去询问为何深夜还来寺庙。年纪稍长的人转过头来，一脸焦灼之态，说："我膝下有一独子，三天前，我带他来这里烧香拜佛。但在回家的途中，孩子狠狠摔了一跤，伤得非常严重，恐怕凶多吉少。我寻思着，他一定是冒犯了神灵，所以便备了纸钱，来这里进香供奉，希望能让神灵平息怒火，放过孩子，让孩子早日康复。"

我所居住的武昌城里寺庙众多，我再带你去看一两座。离教会不远的一家大型印刷厂旁边有一座寺庙。庙里有一尊

---

① 指阿瑟·韦尔斯利（Arthur Wellesley，1769—1852），第一代惠灵顿公爵（1st Duke of Wellington），18—19世纪极具影响力的军事人物和政治人物。

两位僧侣

极其壮观的镀金佛像，据说他能带领众生去往西天极乐世界。巨大的佛像面前，常年摆着鲜花和供饭。紧挨着这座庙宇有一个院落，许多僧人都住在其中。他们穿着宽松的黄色僧袍，头发被剃了个精光。僧人从不吃肉，只吃蔬菜和米饭。锣声响起，到他们吃午饭的时辰了。方丈坐在斋堂中央的垫子上，和尚们在他两边，成排落座。大约有60个僧人住在这里。吃饭之前，僧人还要诵经。他们会在门外的石板上放点饭食，作为供奉。吃饭时，每一个人都默不作声，斋堂里安安静静。用餐结束后，把筷子整整齐齐地放在钵旁边，铜锣再次响起，僧人一个接一个地离开斋堂，静静悄悄。

信奉佛教的人认为，万物有命，各得其所，保护生命是功德一件。那些来寺庙参拜的人，时常会立下誓言，永世不杀生。所以，佛教的寺庙里经常能看到成群的鸡、鸭、鹅、猪、羊等，还有满满一池塘鱼，活蹦乱跳，这些鱼都是从鱼贩子的鱼缸里买来放生的。我曾在一座寺庙里见过一头年老体衰的猪。僧人说它已经活了一百岁，这当然言过其实，不过，这头猪确实已是残年了。下次再到那儿的时候，听说那头猪已经死了，我也并不觉得难过。前来拜佛的人中，有人发誓要放生许多麻雀。那些鸟贩子店门口的笼子里，养着不计其数的鸟儿。有的人一次性买上二三十只，只是为了将它们放生。

另外，就在武昌城的东门外，有一座远近闻名的寺庙，叫阎王庙。那里供奉的阎王统治着冥界。这座庙里，一尊塑像尤其引人注目，他比真人要高大许多，留着黑黑的胡须，穿着飘逸的白袍子，头上戴着一顶高高的圆锥形帽子，肩上还撑着一把罗伞。这便是人们所说的"无常"。他手中握着一根铁链，铁链的一端锁着一个垂死之人，奄奄一息。无常正要拖着这个人去地狱接受审判。如果你问一个中国人觉得自己死后会发生什么，通常他会这样回答："哦，我觉得无常肯定会来找我的。"

这座阎王庙的两侧，立着许多塑像，面目狰狞，形象恐怖，令人不寒而栗，在此不一一描述。这些塑像表现的便是那些因自己的罪责遭受审判的人，有人正在地狱中忍受着残酷的刑罚，表情痛苦万分。有个人在阴曹地府，站在判官面前接受审判。受审之人被置于高台之上，前方悬挂一面镜子，据说从那里他能看到自己来生转世投胎的样子。看到镜中的自己来生将要投胎为牛，他惊恐万状，仓皇逃遁。

在转世投胎之前，人人都要经受百般折磨，万分艰辛。寺庙里这一组组的雕像中，残酷折磨的场景比比皆是：被一群恶鬼重重包围，承受着他们无情的鞭笞；扔上刀山，碎尸万段；绑在烧红的铜柱之上承受炮烙之苦；丢进滚烫的油锅，被烹炸煎熬；塞入舂臼，被碾压研磨；等等。此外，有两个老太太专坐在地府门口卖孟婆汤，投胎之前必须要喝上这么一碗汤。据说，喝了这孟婆汤，便能忘却前尘往事，前世的爱恨情仇在记忆中便会烟消云散。

身形高大、手握铁链的无常塑像脚下，总是有成堆的鞋子。人们将鞋子作为供品奉上，是因为他们祈望无常能够显灵，饶恕自己和亲友所犯下的罪过。这小山一般的鞋堆里，既有小小的童鞋，也有成年男子的大鞋。我时常能看到有人跪在这些佛像面前，千叩万拜。我记得之前有人在这里恳求佛祖让他长命百岁；还有一个人，患有严重的哮喘，呼吸急促，他来拜求无常，只求无常在带他走的时候能念及他的哮喘，轻步慢走。

除了阎王庙，当地还有一座十分著名的寺庙——黄鹤楼①，它是一座宝塔，塔身不高。关于黄鹤楼，还有这样一

---

① 黄鹤楼耸峙于武汉蛇山西端山巅。相传三国吴黄武二年（223）创建，初建于黄鹄矶头，屡遭毁创，历代重修。唐代的黄鹤楼耸构巍峨，重檐翼馆，四闼霞敞。宋代时为单层建筑，但有脊、亭、阁相衬，屋顶十字脊四歇山构造，雄伟壮观。明朝的黄鹤楼立于高台之上，主楼二层，重檐歇山顶，曲廊外挑较少，不设斗拱。清朝独楼三层，耸天峭地。今所见黄鹤楼为1985年重修，由主楼、配亭、廊院组成，高五层，为钢筋混凝土仿木结构的塔式楼阁。参见刘乾先、董莲池、张玉春等主编：《中华文明实录》，黑龙江人民出版社2002年版，第193—194页。

佛教僧侣

个传说：很久以前，武昌城里住着一个姓辛的商人，他在城里开了一家酒楼。偶然的一天，店里来了一位客人，名叫吕祖[①]。辛氏对这位客人向来十分友善，把他引为知己，从来不计较酒钱。辛氏从未想到，自己平日里如此热情款待的朋友竟非凡人，而是神仙。一天，吕祖为了表达对辛氏的感激之情，便将辛氏园里的井中之水全部变成了美酒。然后他拿起一个橘子，分成四瓣，对着橘子低声念了几句咒语，顷刻间，橘子竟化作一只仙鹤，栖于酒楼院中一根高高的竿子之上。神奇的仙鹤和浓香四溢的美酒，让辛氏的酒楼一夜之间声名大噪，宾客盈门，辛氏也因此富甲一方。为了感谢恩人，辛氏决定为吕祖修建一座雅致的庙宇，于是便有了眼前的这座三层宝塔。如今，黄鹤楼依然矗立于此，站在楼上可鸟瞰四方美景。气势磅礴的长江从它身旁奔腾而过。远处的岸上便是山石险峻的汉阳山，山顶有座白色的寺庙，山脚下

---

① 吕祖，名岩，一名岩客，字洞宾，以字行，号纯阳子，自称回道人。全真道奉其为北五祖之一。河中永乐（今属山西）人。传说在长安遇钟离权，被授以"大道天遁剑法"和"龙虎金丹秘文"，"百余岁而童颜，步履轻疾，顷刻数百里，世以为神仙"。其理论以慈悲度世为成道路径，改外丹为内功，改剑术为断除贪嗔、爱欲和烦恼的智慧，对北宋道教教理的发展有一定影响。民间对其事迹颇多传说，被奉为"八仙"之一。参见陈永正主编：《中国方术大辞典》，中山大学出版社1991年版，第618页。

便是人来人往的汉口集市。从黄鹤楼的另一侧可以俯瞰这座雄伟的城市，绵延的青山将城市一分为三，在城中生活的人便居住在这两山谷地之中。密密麻麻的宅院，偶尔点缀着错落有致、卷曲俏丽的屋檐，从寺庙、行会或是官邸庭院中延伸出来，眼前的景色也多了几分灵动与活泼。

黄鹤楼与它身后鳞次栉比的庙宇，一同形成了城内主要的休闲娱乐场所。黄鹤楼中较低的楼层常年挤满一张张桌子，有许多算命先生在此营生。

蜿蜒的台阶下站着一个道士，向每位到访黄鹤楼的人讨要小钱。男人们围坐在黄鹤楼上层的一张张圆桌旁，一边饮茶，一边吃着糕点，嗑着瓜子。传说中的井中美酒早已无影无踪，但在黄鹤楼顶层中央，有一尊仙人吕祖的塑像。一只白鹤，伸展双翅，吕祖吹着竹笛，骑着仙鹤飞向天空。但奇怪的是，同样是吕祖，黄鹤楼后的一座寺庙里，他的塑像却是闭目沉睡的仙人形象，而且那塑像被罩在一个玻璃罩中！据说，当年吕祖经过此地时，曾在那里歇脚休息。

除了这些，中国还有很多寺庙。保守估计的话，在比较大的城市里，庙宇不下百座。

我已经简单介绍了几座庙，但是还想再说说另一座，它

黄鹤楼

武昌城（局部）

不在武昌，而是坐落在美丽的鄱阳湖中的大孤山①上。

我曾去过一次那座庙，在这儿就讲讲我的经历吧。我们乘着小船在鄱阳湖上游了几天，回来的途中，把船停在一段台阶下，沿着峻峭的山坡一路向上，终于到达山顶的神庙。大孤山整个岛仿佛一个辽阔的大花园，经过风雨洗礼的灰色岩石上爬满了葱绿的藤蔓，空气中弥漫着淡淡的茉莉花香。山顶的寺庙中有许多神像，名号各不相同，其中我最感兴趣的是菩萨神像。观音菩萨端坐在精雕细琢的宝座之上，上方擎着一顶金色的华盖。大厅两侧佛幡招展，尤其引人注目。佛幡上下挂满了叶子、条幅状的绣品，这些都是周边的女孩和妇人手工绣的。有的人家中一贫如洗，手里的每一文钱都要精打细算，这样才能勉强果腹度日。但是，他们哪怕饥寒难耐，也甘愿拿出上好的料子，制成绣品供奉菩萨。看着眼前这一件件精美的绣品，我脑中浮现出一个个可爱的姑娘，她们用自己稚嫩的小手描花绘景，穿针引线，缝绣供品。

---

① 大孤山，又名鞋山，位于今江西湖口县西南鄱阳湖中。《水经·庐江水注》："又有孤石介立大湖中，周围一里，竦立百丈，矗然高峻，特为瑰异。"《寰宇记》卷一一一"江州德化县"："彭蠡湖在县东南，与都昌县分界。湖心有大孤山。顾祝诗云：大孤山尽小孤山，月照湖庭归客船。"参见史为乐主编：《中国历史地名大辞典》，中国社会科学出版社2005年版，第130页。

鄱阳湖大孤山（局部）

如果我接着讲下去，讲那些在中国颇受崇拜的佛祖神仙，你怕是要听烦听腻了，毕竟数量众多。这里略举其要，以飨读者。

中国有一种非常奇怪的现象，有的人被神化后纳香受供，但是听了那神仙的故事，若是确有其事，对他的崇敬之情就会烟消云散。其中有贼神，据说他生前就是个江洋大盗；还有供赌徒求助的赌神；甚至还有神灵，专门帮人找回他们丢失的猪。

在中国，有的动物也会被敬拜。有人认为猴子能够斩妖除魔，老虎能保护孩子免受危害，所以它们也可受供。还有不少地方上的总督和官员，敬拜狐狸。据说，狐狸掌管官印，所以管辖一方的官员都得供奉狐狸。除此之外，他们还敬拜龙王，龙王可呼风唤雨。不光是各地方总督会供奉龙王，就连皇帝也要亲自敬拜龙王。

中国人会说："如果我们的神仙你都不相信的话，那你总不会否认这世界上有雷公电母吧！你看看，那些得罪雷公电母的人，都是会遭雷劈的！"在中国，大家都深信被闪电击中或是被雷劈死的人一定是冒犯神灵、罪大恶极之徒。

不久之前，有一个常年雕刻神像的店铺伙计不幸遭雷劈而死。我记得当时人们议论纷纷，他们实在说不出这个伙计这辈子做过什么坏事，于是大家一致认为：一定是他前世造孽太深，今生才遭此报应。

在中国，城里火灾频发。火灾之后，人们还会供奉火神。在我看来，供奉火神主要是因为他能救火，而不是因其制造火灾。

我听过一个关于火神的传说，讲的是有位皇帝在皇宫失火后修建火神庙的故事。有一天，皇宫中一座富丽堂皇的宫殿不幸被大火烧毁。皇帝称，他在火中看到了一位白髯翩翩的老者。火中情景有悖常理，因为大家认为，火神形象应该是红色的，与火焰的颜色一致。皇帝担心自己冒犯了火神，便即刻下旨要为这位白须神仙修建庙宇。于是，皇帝派侍从搜遍城中寺庙，寻找白须火神。侍卫搜遍了城里的所有寺庙，一无所获。后来，有人在城门外一座年久失修、破败不堪的小庙里发现了一尊神像，神像本来的胡须已经掉落，下巴上罩着一层糟乱的烂麻。皇帝得知此事后，火速起驾，带着一行人浩浩荡荡地前往那座老旧的寺庙，并在神像前恭敬虔诚地敬拜，当场立下誓言，要专门为这位神仙修建一座冠绝京城的华丽寺庙。于是，新的火神庙就在原来破庙的废墟上拔地而起。

除了火神之外，诸多将领士兵都会去参拜战神，因为将

158

士们相信，战神能够帮助他们变得强健、勇猛。据说，1855年战神现身于皇家将士面前，率领他们打败了太平军。从那以后，战神香火日隆，愈发受人供奉敬拜。

在中国，各行各业都被各自的神灵护佑着，但是无论从事什么行业，商人对财神都是万分崇敬的。中国的大多数商店里，你都能看到财神爷的塑像。通常情况下，神像放在一个小壁龛里，前面点着香火。商人相信，信奉财神能够帮助他们生意兴隆，富甲一方。

此外，观音菩萨、海上女神妈祖、女娲娘娘等神灵都受众人膜拜，尤其是妇女和儿童。当渔民、船员在海上或是在大湖大河上遇到风暴时，他们就会乞求妈祖娘娘大发慈悲。他们深信，妈祖一定会来拯救他们。

妈祖女神的真人原型，20岁时就离开了人世。妈祖生前做过一个不同寻常的梦，并将这个梦讲给人听。妈祖的父亲和兄弟都是渔民，整日出海打鱼，她焦急地盼望着父兄回来。她梦见自己与父亲、兄弟一同出了海，看见海面上有三艘船情况危急。她双手各抓住了一艘船，用牙咬住第三艘船，带着三艘船拼命地游向岸边。眼看着就要靠岸，突然，听到了母亲的呼唤，她张嘴回应，第三只船随即掉落，陷入了茫茫大海。这下彻底惊醒了妈祖，原来一切都只是一场梦。几天后，她出海的亲人回来了，但是只有她的兄弟。他告诉妈祖，自己和父亲在海上遇到了风暴，他们的船被一股看不见的神奇力量救了出来，父亲的船本也能安全返航，但是就在快要到达岸边的时候，那只船却不幸失事了。所有听过这个故事的人都确信，妈祖在不知不觉中拥有了神奇的法力。于是，她死后便被世人敬为女神。

不管男孩还是女孩，从很小的时候，大人就教导他们，一定要潜心敬拜一位名叫"娘娘"的天神。娘娘天神侍从成群，据说她会悉心照看孩子，保佑婴儿安然无恙、无痛无病。

至此，关于中国各路神灵，我已着墨不少。在中国，千百万民众无比虔诚地信奉这些神灵大仙，也有一些人却不以为然。但是，每个人都深信不疑的是：人只有诚心供奉祖先的亡灵，此生才可能飞黄腾达。上文提到过，中国人相信人死后会有三个灵魂，其中一魂会寄寓灵牌牌位。牌位是一个精雕细琢的小柜子里面放着的一块小木牌，木牌上刻有逝者的名字。

时常会有人对他人供奉神像的做法颇多讥讽，对大多数的迷信活动不以为然，但是却对供奉祖先深信不疑。他们平日里在祖先的牌位前供上祭品，满足已故亲人在阴间的需求。

有时候，会有和尚或是道士不邀而至，告诉人们，他们故去的亲人在阴间遇难受苦，他们得赶紧焚送纸钱，还要在家中连续做几天法事，这样才能帮助亲人脱离险境。听闻此言，人们会焦灼不安，悲痛伤感，认真聆听道士所言，并按照他的要求，样样照做。

有一天，离我们不远处的一个宅子里便请人在做法事，法事是在院中的花园里举行的。我恰巧认识那家的小男孩，他的父亲在一年前过世了，道士说他父亲的亡灵没有安息。那孩子是家中的长子，在法事上忙前忙后。在我心里，他是个聪明机敏的小家伙，但那天，我却看到他的脸上写满了错愕与恐惧。小男孩穿着白色的殡服，按道士的指示，一刻不停地叩首磕头，周围一直在焚香烧纸，锣声阵阵，鞭炮震天。

除了这些有严格且明确要求的仪式之外，中国人还有许多约定成俗的生活习惯。例如，不能轻易把墙面刷成白色，因为白色象征着哀悼和丧事；给房子装上窗户也是不慎之举，恶鬼邪灵很容易从窗户乘虚而入。

如果家门正对着街道或是巷子，那一定要在家中正对着街巷口的地方修建照壁或是立上木制的屏风，以免恶灵找到自家的大门。而且，一直让我十分困惑的是，为什么武昌城里很少有笔直的街道，道路永远都蜿蜒曲折。原来是因为他

做法事

们相信那些妖魔鬼怪不喜欢弯弯绕绕，要是整日走在宽阔笔直的路上，肯定会遇到鬼。

出现日食和月食的时候，尽管皇历上早已明确注明，但人们还是惴惴不安，深觉大难将至。他们相信，一定是有天狗要把太阳或是月亮吃掉。老百姓觉得万分危急，于是敲锣击钹，响声振聋发聩，想要把天狗赶跑。等到日食结束，人们便会欣喜万分，自觉努力没有白费。

中国人如此害怕天狗还有一个原因。那时候，我刚到中国不久，平日里我们教会周边的街道在夜里十分安静，一天晚上，外面突然传来了一阵嘈杂的声音，这让我不禁好奇起来。街上敲锣打鼓，鞭炮齐鸣，还有很多人把自家的锅碗瓢盆、铁器锡器都拿了出来，敲敲打打。我叫来佣人打听，才知道有人在附近听到了九头鸟的叫声，人人都担心那鸟会落在自家屋顶。传说这只鸟原本有10颗脑袋，很久以前被那条臭名昭著的天狗咬掉了一颗，伤口一直没能痊愈。九头鸟从空中飞过，要是恰好停在谁家的屋顶，伤口里渗出的血滴落在房屋上，一定会引来火灾。正因为如此，远处可能传来几声狐狸或是猫头鹰的叫声，人们就非常恐慌，生怕九头鸟飞来家里，于是操上家里所有家什，拼命敲打，声音震耳欲聋，方圆几里的鸟儿都闻声遁迹了。

在中国，人可能便是如此度过自己的一生。从出生那天起，直到死亡，人们每一天都在担心那些看不见也摸不着的东西，害怕被这些假想出来的敌人伤害。人们不惜成本，从道士那里买来各种护身符咒，千方百计驱赶邪鬼恶灵，以求平安。

第九章 中国儿童的教会教育

如前所述，在中国人的生活中，有些力量神奇而强大，令人感到不可思议，老百姓却对此分外痴迷。我听说，大人教导孩子敬佛拜仙，如果孩子不从，就会讲各种可怕的传说故事吓唬他们。

或许你会好奇，我们是如何教化这些中国孩子的。首先，我们要赢得他们的信任，并且让孩子的父母不再那么排斥我们。我们刚到中国的时候，孩子见到我们会跑开躲起来，生怕我们抓住他们，伤害他们。胆子大一点儿的孩子会跟着我们跑，嘴里喊着"洋鬼子"，意思就是外国的魔鬼，还给我们起了些其他绰号。还有人会捡起石头砸向我们，想把我们撵走。

你可能会问：为什么中国的孩子不喜欢洋人来到他们的城市，他们有什么好害怕的呢？主要原因就是我们不是中国人，而是洋人。中国人并不喜欢洋人来华做生意，搞贸易，不想与洋人有任何瓜葛。如果我们明天就被赶出中国，他们多半会拍手称快。如果没有和中国的那场战争①，无论是英国人还是其他国家的人，根本就无法进入中国。那场战争中，英国战胜，强迫中国开放了几处口岸，要求他们与其他国家开展贸易，并允许其他国家的人居住在那里。自那以后，英国或是其他国家从中国得到的一切好处都伴随着刀光剑影。恐吓，威胁，司空见惯。因此，他们不喜欢我们大摇大摆地走在中国的大街小巷也是情理之中的事，再自然不过了。

　　中国人不喜欢洋人还有一个原因，说来不免让人难过。众所周知，印度是英国的殖民地，在广袤的印度土地上，有个英国公司在此种植了大量的罂粟。②罂粟花虽美艳动人，

①　指鸦片战争，1840—1842年英国对中国发动的侵略战争。战争是由于英国强行向中国推销鸦片引起的，故称鸦片战争。战争以中国战败告终，中英双方签订了《南京条约》，中国割地、赔款，开始沦为半殖民地半封建社会。
②　指东印度公司（East India Company），存在于1600—1858年的英国贸易公司，是英国在印度、中国和其他亚洲国家推行殖民主义掠夺政策的工具。18—19世纪，该公司在印度种植鸦片，然后非法出口到中国。

但其危害也让人望而生畏。罂粟的花囊里会渗出一种有毒的汁液，晾干之后就成了鸦片。鸦片毒性极强，而如今中国有数百万人都在吸食鸦片。吸食鸦片时，他们从不坐着，而是躺在卧榻之上。鸦片会致幻，吸食之后产生的奇妙幻觉让他们欲罢不能。要不了多久，他们吸烟成瘾，最后沦为饭可不吃、衣可不穿，但鸦片不能不抽的瘾君子。最终，为了吸食鸦片，他们倾家荡产，甚至卖掉自己的妻子和孩子。吸食鸦片的人，日益憔悴，脸颊消瘦，眼窝深陷，你在大街上要是碰到了，一眼便能看得出来。

悲哀的是，这种祸国殃民的毒品正是英国人运来的，毕竟印度也属于英国的殖民地。如今，中国开始大量种植鸦片，因为种植鸦片收入相当可观，远远高于种植其他农作物。我希望英国早日禁止向中国运送鸦片，倘使英国禁运，中国的有志之士看到鸦片正在毁其国家，一定会挺身而出，在中国禁种鸦片，禁吸鸦片。经常会有中国人问传教士："你打哪儿来啊？"当听到回答"英国"时，他们满脸嘲讽与不屑："呵，英国啊！就是你们运来这么多鸦片，毒害我们的！"因此，也不难理解中国人对我们的厌恶和排斥，他们自有道理。因为不喜欢我们，当地人也开始散播言论，言辞恶毒。来过我们教会医院的人都知道，我们的药物强力有效，当地人也承认这一点，但是他们还会补充道，我们的药物都是用新入教会的基督徒的眼睛和中国婴儿的骨头制成的。难怪他们不让孩子亲近我们，因为生怕再也见不到自己的宝贝孩子。

我们千方百计、想方设法获得他们的信任。比如，我们学说中国话，对其善言相劝，还经常给他们一些从英国带来的小卡片，孩子们非常开心。过一段时间，我们去那些孩子的家中，拜访他们的母亲。孩子们有时也会来看看我们，好奇地打量我们家中各式各样、稀奇古怪的物件。每个人都会问一大串相同的问题，问题之多，让人应接不暇。他们会问：

英国也有太阳和月亮吗？

英国有山吗？有树吗？

为什么你们的眼睛不是黑色的？是褪色了吗？

你们能看到地面以下的东西吗？能不能看得出来哪里藏着金子和银子？

为什么你们英国女人脚那么大，活像男人的脚，你们没有"三寸金莲"吗？

你们的发型为什么这么奇怪，怎么不像我们一样盘起来呢？

为什么外国的女人出门都蒙着头巾呢？她们看上去跟男人一样！

……

诸如此类的问题举不胜举，但我们会一一耐心回答。

有时候，我们会给他们唱一些已经翻译成中文的赞美诗。我们还会给他们看基督生活的画面，给他们讲基督的故事。过段时间后，他们慢慢开始意识到，以前听到的那些关于我们的传言，并不全对。

有一位官员太太对我说："其实我一直很想来见见你，也带着我的女儿一起，但我还是很害怕，就一直推，一直推。以后我不会怕了，你和我们也没什么太大分别。"就是这样，他们慢慢地来到我们身边，后来还把他们的孩子送到了教会开办的学校。

我们要是能在一个大城市里落脚，扎下根来，传教就会容易得多。但是中国还有数百万人从未听说过耶稣，更不了解耶稣以己之命救赎世人，甚至还有许多城市从未有过传教士的足迹。因此，春秋两季，我们会去那些没有传教的城镇，试着在那里传播福音，并把基督教的书卖给那些从来没有机会听到福音的人。我们去的时候一般会乘坐当地的小船。小船上有拱形的船顶，上面铺着草席，涂了柏油，这样就可以挡风遮雨。小船篷顶不高，在里面根本没法站直身子。我们很喜欢船上的那两扇小窗，窗上没有装玻璃，而是薄薄的牡蛎壳。船上许多木板都是可活动的，搬开来一块，就可以通过那个打开的洞爬到甲板上去。有时候，我们坐在船里，搬开一块板子，这个开口便成了一扇视野很好的窗户。透过它，我们可以欣赏沿江两岸美丽的风景，看看江面上过往的船只。

船舱里有两张凳子和垒起来的箱子，它们白天是桌子，晚上还可以当床架用。床上用品是中国人日常使用的铺盖，也就是一床棉被，占不了多大的空间。平日里，他们钻进棉被，把自己裹起来，就是一张舒适的床了，可以安心地休息。

一般情况下，我们的中国佣人就坐在船上，听候差遣。在船上，他用船夫的炭火小炉给我们煮饭。每当我们到达大一点的乡镇时，传教士布莱森（Bryson）先生就会离船上岸，去街上布道，或者到集市售卖宣传基督教教义的小册子。有时候会有人陪他传教，跟随他的人要么另乘一条小船过去，要么是来自当地的基督教教徒。

布莱森先生离船上岸时，我一般会留在船上。没有料想到的是，会有许多妇女和孩子跑到船上来看我。男孩子们直接爬上了船沿，一双双黑溜溜的小眼睛透过缝隙好奇地打量着我，仿佛我是被囚在笼中的奇异动物，供他们观赏取乐。不一会儿，妇女们鼓足了勇气，也一个接一个地爬进了船舱，或者蹲在狭小的甲板上，静静地听我讲话。另外，我会给那些凑上前来的孩子们一些英国的照片或者写了字的卡片，他们都很开心。后来，人越来越多，都围着我们的小船，船夫慌了。他担心太多人挤到船上来，会把船弄翻，于是将船划离岸边。后来，孩子们租了渡船，划到我们的船边来，把我们的小船团团围住，尤其是他们听说我们的船上坐着一个英国小男孩，都想来看看洋人的孩子究竟长什么模样。

有一次，我们到了一个叫保安（Pau-ngan）的地方，在那里我们又一次被围观的船只团团围住。保安镇坐落在风景秀丽的湖边。秋日里，一眼望去，河岸上的树木满目金黄，甚是美丽。那趟旅途中，我们还经过了一个名叫青牛的小镇，那里的人对我们成见很深。他们用石头砸我们的小船，石头一块块地打在船顶上，船顶几乎不堪一击了。当时我们正划行在一段狭窄的河道上，只能任由他们肆意泄愤。不久，那里的人慢慢平静了下来，有的人还来买我们的书，听我们布道。

我们还去过其他地方，当地人非常热情，迫不及待地想要得到我们的书，甚至有人会跳下水来，蹚过小溪来买书。就这样，我们辗转于不同的乡村城镇，有时被驱赶，有时被热情相迎。我们每天都能听到类似的问题：

耶稣现在还活着吗？

耶稣为什么没生在中国？

要是你说的这些是真的，这么多年来，我们怎么从没听说过？

这样那样的问题在我们耳边不时响起。有时候，很难确定我们周游各处传播福音的效果如何，但是我们知道，没有一件事会是徒然的。

有时，在离开很久以后，我们会偶尔听到一些初次听我们布道的百姓的消息，他们把买来的书细细研读，专程来到我们的驻地，再次聆听我们布道，深入了解基督教。有个小男孩，是个虔诚的基督教信徒，他第一次听到上帝的福音是在他的家乡，在那里，我们的传教士曾经被暴力驱逐。他长大后，来到了武昌城，找到了我们的教堂，没多久，就成了忠实的信徒。

我们再来聊聊武昌。在这里，我们开办了一所教会医院，悬壶济世，每年都会帮助成百上千的人摆脱疾病，消除痛苦。有一天，医院里来了两个小女孩，大家都觉得她们已经双目失明了。当时接诊的马根济（Mackenzie）[①]大夫给两个小女孩做了眼部手术，术后两个孩子重见光明。不难想象当时的场景，孩子的父母欣喜若狂！也是那一次，两个小姑娘在医院里听说了基督教，后来慢慢了解学习。如今，她们已经回到了乡村自己的家中，过着幸福生活。

除此之外，还有一个被送进医院的小男孩。他的父亲病重，为了帮助父亲痊愈，孩子从自己的大腿上生生割下了一块肉，和其他食物一起呈给父亲食用，希望能让父亲尽快痊愈，他的孝道赢得了众人交口称赞。在中国，许许多多的子女都会有此孝行。因为他们相信，只要全心尽孝，他们的父母就一定能够安然如初。这个可怜的孩子就是这样，为此却病了许久。

还有一个男孩，住在长江中下游的一座城镇，父亲是朝

[①] 约翰·肯尼斯·马根济（John Kenneth Mackenzie, 1850—1888），英国医学传教士。据说李鸿章的夫人曾染重疾，多次求医未果，马根济医生和他的同事去往李府，将其治愈。而后，在李鸿章的帮助下，他开办了北洋施药局，又称"总督医院"。1881年底，他又开办了总督医院附属医学校。1888年，马根济医生因劳累过度，病逝于天津。

武昌城（局部）

廷官员，母亲来武昌城时，把他送到了教会医院治病。经过精心治疗，他的病慢慢痊愈了。住院治疗期间，男孩听到了许多耶稣的故事，每天晚上欧文（Owen）先生教他，给他讲福音故事。于是，他决定信仰基督教。我清楚地记得，在离开医院回家前的那个礼拜日，男孩在教堂里高唱赞美诗，满脸喜悦和满足。他就像约瑟（Joseph）一般，要离开这些爱主、敬主的人。[①]但是，既然在埃及黑暗的土地上，约瑟能够坚守自己的信仰，我们相信，这个孩子在离开这里以后，也能经受住他所面临的一切考验。

如前所述，我们想方设法，一步一步地得到中国家长的认可，让他们把孩子送到教会学校里读书。下面，我们再来聊聊教会学校里的孩子们，聊聊他们的学习生活。我们不停尝试，不断努力，想要培养出既有渊博的学识又深谙基督教教义的人才。孩子们在这里接受了良好的中文教育，还学习了《圣经》和《基督教要义问答》。中国的孩子记忆力超群，如果英国的孩子和他们一起学习同样的功课，中国孩子会超过大多数的英国孩子。有许多孩子都觉得能背诵几章福音书根本不算什么，就算是背下整本福音书，也不在话下。

---

① 《圣经·创世记》中，约瑟被法老派往埃及治理全地，帮助埃及在七个丰年之后，安度七个荒年。

在华北的一所教会学校里，不久前就有一个孩子，通篇一字不差地背诵出了《新约全书》。

我很希望能有机会让英国的孩子听听中国孩子唱诗。华中地区的孩子虽然乐感不太好，也不知节奏为何物，但是唱起赞美诗来可是十分投入的。他们唱诵的诗歌和英国唱诗内容相同，只不过是中文版本。

乡试期间，成千上万的学生来到武昌城，为了考中科举，来这里一争高下，武昌城也因此一片繁荣。

教会学校里，有的孩子家境贫寒。乡试期间，父母会让他们只上半天学，其余时间就拎着一篮一篮的干果和糕点，卖给赶考的书生以补贴家用。我听说，孩子们在卖东西的时候，总要找机会凑到一起唱诗。那天，他们唱了一首在教会学校刚刚学会的赞美诗："美丽天堂，美丽天堂，没有悲伤，没有伤痛和死亡。"

这些歌曲吸引了很多人的目光。一些人围拢到孩子们身旁，有一位表情严肃的老者问道："你们从哪儿学的这支歌？"

老人戴着一副玳瑁镜框的眼镜，一副博古知今、学问高深的样子。

孩子们回答说："我们是在喜信堂学的。"

"这歌听起来好奇怪，但是确有迷人之处，"有个赶考的学生说道，"想不到那些外国人会教他们学这些东西。"

我们还听说，孩子们在家中也会复习在教会学校中所学的知识，有的孩子还会把自己学到的知识教给别的小朋友。我们学校有一个叫迟四虎的男孩，他有很多玩伴，可是家长不允许自己的孩子来教会学校学习。迟四虎就在放学后把在学校听到的《圣经》故事讲给伙伴们听。有一天，布莱森先生在学校附近的小教堂里布道，他惊奇地发现，有许多陌生的小男孩从外面向里探头张望。奇怪的是，这些孩子并不像其他不信教的孩子那样对他惧而远之，他开始和孩子们聊天。

布莱森先生问孩子们："这些故事都是谁讲给你们的呀？"他们说是他们的小伙伴，教会学校的学生迟四虎。迟四虎并不是我们学校的孩子中最聪明的一个，但因他的行为让我们备受鼓舞。他把自己也变成了一个小传教士，将在学校里所学的知识分享给了他的小伙伴们。

圣诞节一直是教会学校的孩子们最为期待的节日。他们盼望已久，因为节日到来之际，我们会举行盛宴，分发奖品。孩子们忙前忙后，采集常青树来装饰教室。墙壁上会贴满彩色的《圣经》图文，悬挂一幅幅大红色的立轴，上面写着这样那样的《圣经》选文和基督格言。

当地有一个基督徒，来自偏远的省份，家境殷实。他第一次听到福音的时候，家中所有钱财都已经挥霍一空，颠沛流离于武昌城。他擅长写写画画。每逢过年，他都能靠着书写敬神祭庙和其他活动的对联赚不少钱。在听到福音之后，虽然尚未入教，但他表示从此拒绝撰写此类对联。

我们的书桌上也装饰着各式各样的植物，清香扑鼻的柠檬从亮晶晶的叶子里探出头来，漂亮的南天竹点缀着色彩鲜艳的浆果。除此之外，还有许多其他植物。

毋庸置疑，圣诞节当天一大早，孩子们和他们的父母穿上最好的衣服，盛装出行，准时来到学校，与我们共同庆祝。开始用中文唱诵一首赞美诗——《天使歌声穿云霄》。唱诗结束后，牧师进行圣诞致辞，就连最小的孩子也听得认真投入。仪式结束后，开始颁发奖品，孩子们一个接一个地领取奖品，别提多开心了。

虽然奖品价值不等，但每个人都为获得礼物而欢欣雀跃。有人拿到的是一顶漂亮的中国小礼帽，过年的时候正好可以戴上；有人拿到的是铅笔和折叠小刀，这些都是从英国寄过来的；还有人得到了插画图书，这些书会在今后的日子里为他和小伙伴们带来快乐和幸福。

孩子们都拿到自己的礼物之后，圣诞宴会就开始了。他们使用筷子熟练灵活，出神入化，让人惊讶不已，不一会儿，米饭就吃完了，需要再添。八个孩子一桌，每张桌子上都会有一大份炖鱼或是炖肉。按照中国人的习惯，孩子每人一个碗，把餐桌中间盆里的菜先夹到自己碗里再吃。

除了日校之外，我们还有一所主日学校。所有日校的孩子们都可以参加主日学校的活动，还可以邀请朋友一起来学校，越多越好。他们常会告诉朋友，只要来到主日学校，老师就会给他一张英文小卡片。

稍大一点的孩子已经离开了教会学校，如果遇到困难，只要得到老师的允许，就可以重返学校。但不幸的是，只有极少数孩子能获准返校。

主日学校里的活动和英国的学校一样，首先是唱诗和祈祷，然后老师开始授课。学校里的老师都是教会的成员，一个老师教一个班，课程内容没有区别。前一天早上，老师会和牧师共同商议从而确定第二天的授课内容。教学内容完成后，老师在黑板上挂上当天所学内容的彩色图片，提问孩子，考查当天所学内容。

提问时孩子们踊跃极了，争先恐后地举起小手，表明老师提出的问题自己都能答得上来。我觉得，要是英国的孩子和他们一起学习，一定要全神贯注，否则轻易地就会被中国的孩子赶超。

在中国，让女孩来上教会学校面临的阻力要比男孩大得多。但是只要女生来校上课，你就会发现，她们和男孩一样聪明伶俐。

我们刚刚开办这所学校时就来到这里上学的孩子，现在已经长大，差不多是青年了。他们当中有些人也希望成为传播福音的牧师，有些人或忙于生意，或服务他人。不变的是，每个人都在努力生活着。